福島のこと
なんて、
誰も
しらねえじゃ
ねえかよ！

カンニング竹山

KKベストセラーズ

福島は安全だー！
そして、楽しい。

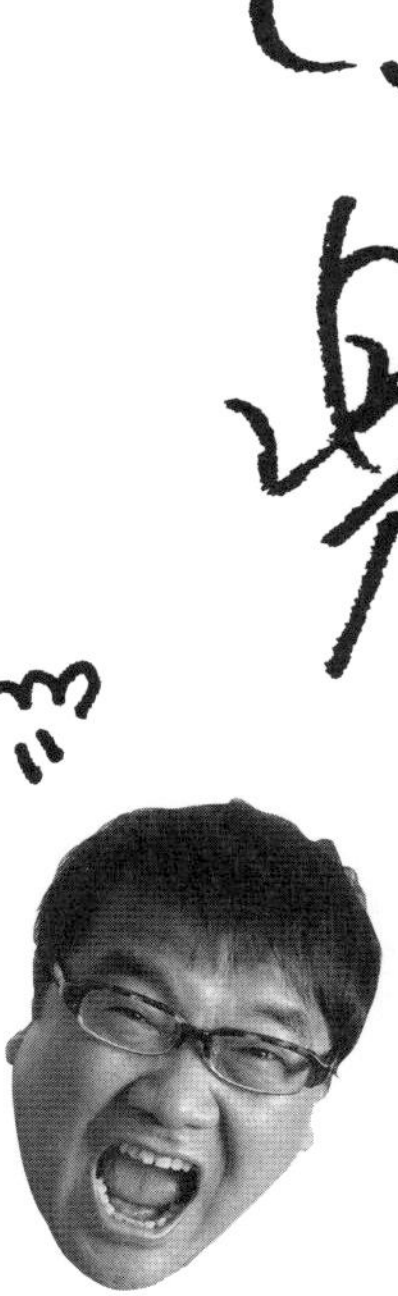

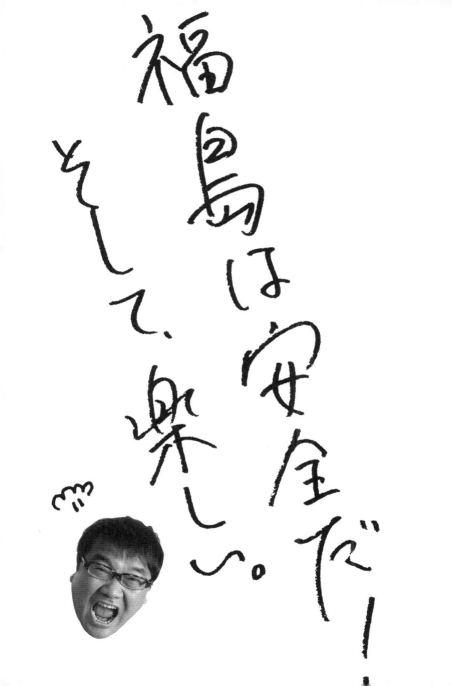

福島のことなんて、誰もしらねぇじゃねえかよ！

カンニング竹山◎著

はじめに

今回久しぶりに書籍を出版する事となりました。２００５年「カンニング竹山の踊るダメ人間」、２００７年「大阪人はなぜ振り込め詐欺に引っかからないのか」、２００７年「現代日本への警鐘」、２００７年「カンニング竹山の童貞川柳」と実は４冊の書籍を発売しておりました（何故か２００７年に集中していると言う謎はありますが）。

今回約12年ぶりのカンニング竹山による書籍刊行です。話は正直いくつもありました。対談集を出してくれだの、相方との思い出を書いてくれだの芸人が小説を書くのが流行っているから、小説を書きませんか等々、数えきれないほどのお話はありがたいといいますかなんと言いますか、頂いておりましたが生意気にも全てお断りさせて頂いておりました。

興味がなかったと言えばそれが正直全てなのかもしれないのですが、特に世間様に書籍にしてまで訴えたい事もなく、面倒臭さもあいまって断っていたわけです。あと

はじめに

過去の書籍にはそこそこ売れたものもあるにはあるのですが基本的に私、カンニング竹山と言うハゲ、デブ、メガネが代名詞で、こんな中年の日本代表のようなおっさんの本なんか誰が買うんだ！　と言う思いがあります。それは正直今回のこの書籍でも変わらず思ってたりもしています。

現に書籍だけではなく私のライブ「放送禁止」でも（年に1度放送作家の鈴木おさむさんとタッグを組みやっている単独ライブ。今年で12年目）４日間のチケットは即完するのですがライブグッズなどは一切作りません。だってこんなおっさんのタオル買いますか？　Ｔシャツ着れますか？　クリアファイル使いますか？　俺だったら絶対に買いませんよ！　誰がこんなダセ～おっさんのグッズ使う？　買いませんよね、普通（笑）。

ですので私に関する全ての物販と言うジャンルは、ほぼほぼ作ったり販売したりしておりませんでした。そりゃ本当は売れるなら作りたいよ！　芸能なんかやっている人間だったら皆んなそう思うのが普通ですわ。でもこんなおっさんだから、どっちかと言うと悪役レスラータイプのタレントだから、売れやしないんだから！　そういう考えになってもしょうがないだろ！　読者諸君もわかるだろ！　バカじゃないんだから。

今これを読んでると言う時点であなた方はそこそこ知性と教養を兼ね備えてる人なんだよ！　この本を買ったと言う事は、そこそこ頭が良い方々だと私は勝手に決めつけております（笑）。

　では、そんな私が何故12年ぶりに書籍を出そうと思ったのか？　それは福島だったからです。私には正直縁もゆかりもない福島、九州の福岡県を故郷とする私とは福と言う文字が被ってるだけで友達や知り合い、もちろん親類のただの1人もいない福島だったからです。

　本書を読んで頂けるとわかりますが、そんな福島県が何故か今は大好きな場所になっているのです。縁もゆかりもないと言いましたが、私のような東京都民や関東に住む者にとっては、福島県は縁もゆかりもありありです、ずっと世話になって来た場所なのです。２０１１年に震災が起こるまで私はそんなことさえも知らず、そして知ろうともしませんでした。

　そこからいろんな偶然やら縁やらで福島県に行くようになり、全く知らなかった福島県の事を少しづつではありますが知るようになってきました。あまりにも福島県のことを知らなすぎたので、行くたびに面白くて仕方ありませんでしたし、新たな発見

はじめに

がどんどんありました。そのうち人と人との繋がりもできて、知り合いのただの１人さえいなかった場所に友達と言うものもできました！　そしてより深く福島県の事を教えてもらったのです（まだまだ私のようなよそ者が偉そうに語れるわけではありませんが）。

本書を出版するにあたり編集者と約束をした事がいくつかあります。

ご存知の通り福島県は東京電力福島第一原子力発電所の事故が起こり、放射線という訳の分からない危険なものが出ました。それによって訳の分からないものだからこそ日本中、いや世界中で正しい情報やら正しくないデマ情報やらで、今だにザワザワしております。

事故から時が経ち徐々に正しい情報が伝わってきているとは思いますが、未だにデマがデマを呼び誤報的なものも飛び交っております。有識者の皆さんがきちんと正しい事を伝えるために、様々な情報を書籍などで出してくれておりますが、デマを払拭するには数値や細かいデータをしっかりと載せないとまた嘘だ！　とか情報操作だ！　と言われてしまうため、自ずと数値や情報量が多くなり中々難解な書籍等々になってしまうのが現状になってきてしまっています。

もちろんその中でも読みやすく分かりやすく、教えてくれるものもあります（地域活動家の小松理慶氏著書、新復興論などは分厚い書籍であるが分かりやすく面白かった）。

ですので、この本は全く福島県に興味がない方々でも楽に簡単に読めるように制作しよう、かつその中でも取材等々をした中から、正しい情報をちゃんと載せよう、嘘はやめよう、正直に丁寧に作り上げよう！と決めました。ですので今の東京電力福島第一原子力発電所の現状も取材し始めて訪問した2年半前とどう変わったか、今後どうなって行くのかなどもなるべく分かりやすく載せております。

エネルギー問題は様々な考え方があって当然だとは思いますが、福島はとにかく危ない！と決め込んでる方は気軽な気持ちでその章にも目を通してくだされば幸いです。そしてもちろん福島県は全てが原発ではありません。県全体のほとんどは皆が、子供からじいちゃんばあちゃんまで笑顔で幸せに暮らしている場所ですので、楽しい所が沢山ありますし、知らなかっただけで飯や酒、観光施設、温泉などもとにかく数も多く最高です。

しかし嘘をつかない本にするため、まあまあだな！と言うところも正直に言って

はじめに

おります（笑）。その辺も含めお楽しみ下さい。あっ、それと正直にいくため大人に必要な夜の観光エピソードなども載っけております（笑）。私は既婚者ですので体験取材に基づいて等々はここでは控えさせていただきます！

あと編集者との約束はライターさんをつけてくれ！と頼みました。この本は全ての取材は私カンニング竹山がしておりますが、文章をうまくまとめてもらうためにライターさんにも力を貸してもらっています。しかし間違って欲しくないのは俗に言うゴーストライターではありません、堂々と一緒に作っております。私が考えた事、感じた事、語った事の全てを上手にまとめてもらいました。このような事は普通言わなくてもいい事なのでしょうが、私と編集者、ライターさん、カメラマンの男4人でチームを組み、時には自腹を切り、何度も福島県に足を運び、酒を酌み交わし議論し、たまには福島の地で泥酔しながら作り上げた本です。

それもこれも私が福島県の面白さをこの本をキッカケに多くの方々に知ってもらいたいと言う目標に賛同してくださったからこそ出来上がった書籍であります。日本中の方々が1人でもこの本を読んだ後に、福島県に足を運んでその方なりの楽しさを体験してくれたならば、この本を12年ぶりに出版した意味があると思っております。

こんな話をすると観光大使とか何かしらの賞的なものを竹山にあげては？ なんて方もいらっしゃるのですが、私はその手のものに全く興味がありませんし、そんなものをもらうと今後気軽に福島に遊びに行けなくなるのでやめて下さい。福島で昼も夜もおねえちゃんとも遊びたいだけですから（笑）

あと幾らか自腹も切っておりますので、本を読んだ後は人には貸さずにこの本を知り合いに最低2人には勧めて買わせてください、福島の酒場で格好つけてバンバン奢ったので金は薄くなっています。日々の競馬でやられているのもありますが…。

それでは読者の皆様、私カンニング竹山がこの8年間魅了された福島県と言う面白い場所をまずはこの本でお楽しみください。では行ってらっしゃい！

カンニング竹山

福島のこと
なんて、
誰もしらねえじゃ
ねえかよ！

目次

第1章

ぼくが福島に魅せられたワケ……19

第4章 カンニング竹山と行く！福島社会科見学 Vol.1 ……59

第5章

原発ってぶっちゃけ、今どうなってるの？……93

第6章

カンニング竹山と行く！福島社会科見学Vol.2……109

第7章

福島の人ってなんかいい！あったかい！……139

第1章

ぼくが福島に魅せられたワケ

むしろ大嫌いだった福島！ いまじゃアホみたいにハマってるけどな!!

読者のみなさんは「福島」と聞いて何をイメージしますか？「寒そう」「暗そう」。「遠い」「仙台の上だっけ？ 下だっけ？」。あと「みんな訛ってる」――。アンケートを取ったわけじゃないけど、大体こんな感じじゃないですか？ かく言うぼくも、そう思ってました。福島を旅するようになるまでは。福島に限らず東北ってなーんか辛気臭いイメージがあるし、どこに何県があるかようわからんし。方言にしても、よその地方と比べて「ダセぇなー」って。

そもそもが東北とは正反対にある九州は福岡の生まれ。仙台ならまだしも、福島じゃないですか？ 失礼ですけど、まったく眼中になかったですし。原発があることすら知らなかったたし。自分から「知ろう」という気もなかったです。

18歳で上京したころは、むしろ嫌ってたくらい。中島（忠幸）と「カンニング」を結成した後も2回ほど営業で福島に行ったんですが…どこでやったのか記憶すらないです。

口では「いいところですね～」なんてお世辞を言いながらも腹の底では「福島イヤだな～」って小バカにしてたから。「同じ東北に行くなら仙台の方が都会でいいな～」って。

多くのみなさんと同じように「仕事でない限り福島には行くことはないな」「一生縁がないだろうな」って思ってましたね。

でも、ここ数年の間に、何度か福島

いわきはお気に入りのお店や施設がたくさん！
もう何回来たか分からないほどのリピーターに

へ通うちに「あれ？ 想像したより暖かいかも」（何だかんだで冬は寒いし、夏はクソ暑いですが！）とか。「街も、街行く人たちも明るいぞ」（時間が止まってると言いますか、漂う昭和感は否めませんけどね）とか。「なんだ、仙台より全然近いじゃん！」（上野→福島間が新幹線で2時間弱）とか。「会津に中通り、浜通り。デカイ県だから、いろんな違った文化があるのね」（福島は北海道、岩手に次いで面積が広い）とか。福島に対して抱いていた勝手なイメージが覆されていって。

確かに、みんな訛ってるには訛ってるんですが（笑）、それもいまやチャーミングに映る（特に女性ね！）。あの妙にほっとする訛りや語り口、抑揚のない独特のイントネーションに癒されますね。

おまけに飯は安くて旨いし、もちろん酒も旨い。さらには大好きな温泉はたくさんあるし、出会う人たちはみんな親切で優しいしで、暇さえできれば日帰りで通うほど。すっかり福島の魅力にハマっちゃって。後輩連れて、アホみたいに行ってます（笑）。いまでは年に3～4回くらいになるかな？ 東京から向かうと一番お手軽な「いわき」をはじめ、新幹線ですぐに行けちゃう「郡山」に「福島」。そこからレンタカーで足を延ばして「会津」「相馬」。どこかしらに出没している次第です。

名付けて「竹山日帰りぶらり旅」――。

「突然休みとなったものでここに来た！」

「そして、これに乗り、福島県いわき市に行く。目的もなくとにかくぶらぶらと散歩してますのでみかけた方はお気軽に声をかけてくだされ！　話しましょ！」

毎度こんな感じでツイッターでつぶやいて旅を。これが2014年の3月の、ある日。まずは上野駅からJR常磐線、特急「スーパーひたち」に乗って、いわき駅へ。復興した「道の駅よつくら港」でウニ海鮮丼を食い、いわきの野菜を買い、水族館「アクアマリンふくしま」に行き、ついでに「いわきマリンタワー」にも登り。そして江戸時代から続く公共温泉「さはこの湯」でひとっ風呂浴びて。

詳しくは、P59～、P109～の「福島社会科見学」の頁に譲りますが、まー、おもしろいのなんの。アラフィフのおっさん一人でも楽しいんですよ（笑）。

突発的にいわきをぶらぶらしていたら、それとは別の件でロケットニュースに記事が上がってたのも懐かしい思い出です（道中「ひたち」車内で投稿した俺の写真が、その当時、謝罪会見を開いた「短髪＆ノーヒゲ＆ノーサングラスバージョンの佐村河内氏に似てる」ってネタ！）。

正直、偽善者だよ！でも「何かやんなきゃ」って思ったのはホントなんだよ!!

この「日帰りぶらり旅」を始めたきっかけは、遡ること8年前の2011年3月11日…そう、まだ記憶に新しい東日本大震災でした。

2010年4月から2013年3月までTBSラジオで『ニュース探究ラジオDig』というニュース番組の月曜パーソナリティーをやっていたこともあって、わりと早いうちに現地入りしたんです。

確か震災から1、2ヶ月後くらいだったかな？ いざ行ってみると文字通りの地獄絵図で、これまで見たことがない悲惨な光景にただただ圧倒されるばかり…。まだ片付けが始まったくらいのころでした。道端には瓦礫の山がうず高く積まれていて、ひっくり返った車やら船やらがそこかしこにありました。

この状況を何とかして伝えなきゃ。でも、土地勘もツテもない…。

そこで、いまは退社されたラジオ福島の大和田新アナウンサーに案内していただくことになったんです。

「ご遺体の捜索が手つかずの田んぼを前に「あのへんにもたくさんの人たちが眠っています」とか。震災当時の様子やいまの現状を丁寧に説明してくださって。

一流の語り部であるうえに自分の足を使って取材する昔気質の記者でもあるから、説得力が違う。大和田さんの口から語られるエピソードが胸に刺さりました。

福島の海には特別な感情を生み出す何かがある。
気持ちの良い海なんだけど、複雑な気持ちになる

家族の死や別れ…例えば、消防団のみなさんが原型を留めていないようなご遺体をただ黙々と洗っているところに、あるとき亡くなったお子さんの親御さんが「うちの娘をそんなふうに扱うんじゃない！」って、パニックになって怒鳴り込んできたんだけど、その消防団の方はご家族全員を亡くされていた…とか。ここで暮らしていたみなさん一人ひとりにドラマがあることを改めて感じました。

そういう話を聞くうちに、純粋に「何かやんなきゃ」という気にもなりましたね。また、何度か現地から生放送をしながら、取材で出会った人たちの生の声や、ぼくが実際に見て、肌身で感じたことを率直に話そう。福島の現状を冷静に伝えようと心がけたことを覚えています。

「東京で報じられているニュースと、実際の福島の現状にズレがあるんじゃないのか」
「福島の人たちも立場や状況によって考え方が違うし、いいところも悪いところもある」
「それぞれの意見がみんな正解だし、だからこそ伝え方が難しい」——。

大和田さんを交え、『Ｄｉｇ』のスタッフと議論を重ねました。

こういうこと言うとまた叱られそうですが、ふと、日本が戦争をやってるときも若者はこんな思いがあったんじゃないかな…とも思いました。故郷や家族がこんなひどい目に遭ってる。なんとかしなきゃ。自分がやらないで誰がやるんだと。

いろんなご意見もあるでしょうけど、そういう変な正義感が沸いてきたんです。あの光景を目の当たりにして。

かと言って「俺は一体何をやりゃあいいんだろう…？」と。

タレントだとかがよく炊き出しをやってましたが、炊き出しってどうやったらいいかわかんないし。どこで許可を取ればいいのか、輸送手段はあるのか。量とか材料費とかどれくらい掛かるのか全然わからない。

さっきは「純粋に」と言いましたが、正直言うと偽善もありましたよ。

もう、今となっては地元（故郷）のような感覚で
毎回福島に来ている

偽善者になりたいという気持ちがどこかにあった。言っても芸能人ですからね。テレビではキレまくってますが、悪い人よりいい人に見られたいわけですよ！（笑）。

福島に通うようになったいまも、その気持ちはゼロではないです。

たまーに「何のために自腹切って福島まで行ってるんだろう？」って疑問に思うこともありますし。一番お金が掛かるのは電車賃なんですけど、後輩を2～3人連れてくと「儲かるのはJRだけじゃねえかな？」と思うときもある（笑）。

「被災者」とか「復興支援」って言葉を使うのが嫌いなんで、「竹山が福島を支援」とか言われると、何とも言えない複雑な気持ちになることもあります。

だから、いまは「趣味」だと思うことにしたんですよ。ぼくが好きなキャンプと同じで楽しいから福島に行く。行きたいから時間なりお金なりをやりくりする。

そもそもが「まずは無理するのはやめよう」ってところから「日帰りぶらり旅」は始まってますし。じゃなきゃ続かないなと思いましたしね。

「自分にできることってなんだろう？」って考えたときに、押し付けがましくない感じがいいなと。それは自分が楽しむことなんだろうから、観光すればいいじゃんと。見て、食べて、飲んで。あとは…お姉ちゃんと遊ぶこともあったり（笑）。できるだけいろんなところ行って、いろんなものを飲み食いして。いろんな人と出会いたいなと思いました。『Ｄｉｇ』の取材で現地に行くたびに瓦礫が片付いてはいましたが、きっと長い戦いになるなと思ったから。

「被災者、被災者」って毎日のように報道されて支援活動が続いているけど、1、2年では片付かないな。下手したら何十年もかかるなと思ったんで。特に原発の問題はずっと考えていかないといけないなと。

じゃあ、こちらも長い目で見ていこう。福島の魅力を継続して発信していこうと思ったんですね。

福島は夜の酒場も元気そのもの。
人間の生命力の強さを感じる

まー幸い、こんな仕事をやってますから時間の融通は利きますし。一人キャンプも平気だし。一人で飲むのも平気。その場にいる人たちと話したりもします。

実は、こう見えて昔から人見知りなんですけど、そんなことができるようになったのは『探偵!ナイトスクープ』（朝日放送）のおかげ。

2005年に〝新探偵〟として入局した当初は、もう辞めたくて辞めたくて…。でも、いろんな素人の人と絡まなきゃいけないし、否応なしにロケの日はやって来る。

3年くらいかな？ スタッフに相談

あるお店には現地の被災前の写真と被災直後の写真が。
この大きな痛手から福島は「復活し始めている」

に乗ってもらいながら場数を踏んで。人と上手く付き合いたければ「その人を好きになればいい」ってことを学んだことが自信になりました。人間関係って、好きになるところから始まっていく。これは「日帰りぶらり旅」のスタンスも同じです。

あと、『ナイトスクープ』のロケって結構〝野面（のづら）〟で街を歩かされるんですよ。飯にしても普通にファミレスとかに入って食いますし。

そっから普段も野面で飲み屋さんとか行くのが平気になってきて。それならカメラなしで同じことをやればいいなと思ったんです。ツイッターで「ここ行きます」ってつぶやいて、誰かとつながって。生の声が聞けたら楽しいかなーと。

最終的には福島に人を呼んで、福島の魅力を知ってもらうことが目的だから、SNSを見て「竹山が行っていておもしろそうだからこんど、行ってみようかな」ってなればいいなと思ってます。

福島の人たちは、明るい、やさしい、人なつっこい。そして強い

行ってみて何か探すことが旅！「探す」ってこと自体が楽しいんだよ!!

そんな感じで始めた「日帰りぶらり旅」ですが、自分の中で一つ決めているのは、嘘をつくのはやめようということ。「すごくいいところです、楽しいです」じゃなくて、つまらないところは「つまらない」、旨くないものは「旨くない」って正直に言おうと。別にギャラもらってるわけじゃないですからね（笑）。

バブル期に行政とか第三セクターが無理やり作ったような変な資料館って、結構あるんですけど、一緒に行った後輩と「マジか、これ！」ってツッコんでますから。駅とかホテルに置いてある無料の観光パンフレットに載ってるこういう資料館も、ちょっと引いた目で見てみると、しょーもなさすぎておもしろいんです。

地方によくあるこういう施設をバカにしたり素通りする人がいるけど、それは残念すぎる！ ぼくも「日帰りぶらり旅」をやってみて気づいたから偉そうなことは言えませんが、「行ってみて何か探す」ことが旅なんですよね。

限られた時間でハズしたくないって気持ちもわかるんだけど、どっちみち知らないところだし期待もしてないんならハズれたっていいじゃない！ ツッコんで笑ってれば。「探す」ってこと自体が楽しいの！

ハズれたらハズれたで福島にはちゃんと保険もあるし。素敵な温泉とか、ぼくが個人的に日本一だと思ってて、このために福島にやって来るくらい旨いラーメン屋さんとか、たくさん。

とりあえず福島に来るたび、何か買ってる。
楽しいんだよね、お土産探しが

さっき言ったしょーもない資料館も楽しみ方さえわかれば、相当おもしろいと思います。『ナイトスクープ』で言うところの「パラダイス」（地方に眠る複雑怪奇なアミューズメントパークの総称）を楽しむ感覚ですよね。

例えば、福島駅から車で30分ぐらい走った山のあたりに「UFOふれあい館」って円盤状の形をした、変なラブホテルみたいな建物があるんですけど、まー展示物がしょーもない（笑）。

なぜここにUFOの館なのか聞けば、そこにある三角の形をした山（千貫森）に昔怪しいものが飛んで来たって村の言い伝えがあって。誰かが「ここはU

福島は本当に野菜がおいしい！
来るたび、ちょくちょくお土産に持って帰る

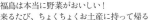

FOの里だ！」って言い出したらしく。バブル期のお終わりくらいに無駄金使って作られたみたいで…って、誰が来るんだよここ！（笑）。そんな感じで楽しむ。

また、売店で売ってるTシャツがやたらカッコよかったりするからおもしろいんですよ。胸に「NO UFO, NO LIFE」って書いてある。「〇ワーレコードに許可取ったのかな」って心配になるくらいの出来だから思わず買っちゃいました。

あと会津にもバカでかいヤツがありますが（会津村大観音）、突如として現れる巨大な大仏ですよね。霊園が建てたのと、バブルのときに金持ちが建てた2パターンあるんですけど、車から見つけたらとりあえず行って、上まで登れたら登る。これも「日帰りぶらり旅」の鉄則！

そうこうするうちに素敵な温泉とかラーメン屋さんに巡り合って。それがいいお湯だし、魚も野菜も旨いもんだから（おまけに安い！）、行くたびに福島が好きになりましたね。


温泉はまだまだいい所があるんじゃないかと思ってる。また探すぞ！

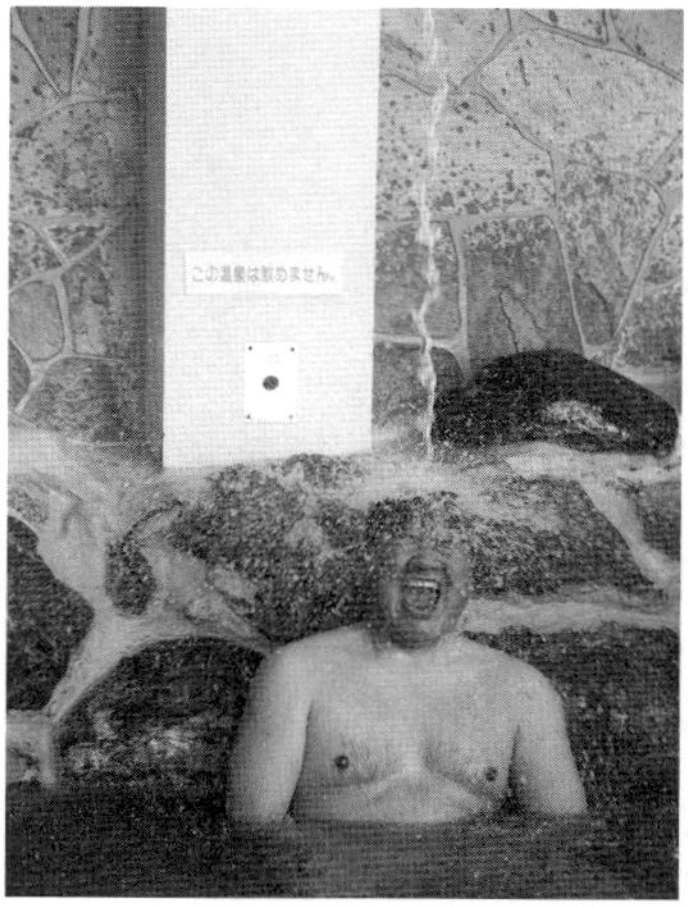

福島を「フクシマ」と呼ぶな！ 福島はいま、楽しい街になっている!!

いい人に出会ったことも、福島に通うようになった理由のひとつですね。後ほどそれぞれの人柄は紹介しますが（P144〜）、通っているうちに知り合った相馬市の立谷秀清市長とか。いわきにある「ファーム白石」の白石（長利）くんっていうおもしろいことをやってる若い農家さんとか。飲み屋さんのマスター、ママ。他県の人からすると「福島の人ってとっつきにくい」って思うかも知れないけど、それって初めだけ。一回打ち解けてくると、みんなうるさいぐらいしゃべりますから（笑）。飲み屋さんで知り合うお客さんなんかホント、楽しいですよ。

そうやって友だちや知り合いが出来ると、こんどは訪ねる楽しみが増えてくるし。そこからまた人を紹介してもらったり、どんどん幅も広がっていく。

「日帰りぶらり旅」を始めて7年が経ちますが、いまでは故郷の福岡、地元よりも長く暮らしている東京で芸人としての自分を育ててくれてた街、中野。テレビのノウハウを叩き込んでくれた大阪。そこと並ぶくらい、ぼくにとって福島は大事な場所になっていて。

最近では「これって郷土愛なのかな？」って思うこともあるくらい。

だからこそ、メディアなんかで「フクシマ」と書かれていると、本当に腹が立ちますし。「元気になった福島の街を実際に見てから言え！」って。

そのためには、もっと福島の魅力を発信していかなきゃなと思いますね。

現地で自然と被災に合われた人達と話をしたり。
福島に通い続けて知り合いも多くなった

東京に住んでると温泉に行くにも箱根だ伊豆だって言うけど、道路を真逆に進むと、同じぐらいの距離に福島がありますからね。最初は温泉きっかけでもいいから行ってほしいです。まだ外国人にバレてないから！（笑）。

　しかも箱根とかより空いてるし。料金もそう高くない。泉質もいい。

　そんなわけで、とりあえずは行ってみて、楽しむ。震災の慰霊に…とか、そういう感じで行かなくてもいいと思うんです。まずは楽しんで、お金を使って、それで気に入ったらもう一歩ディープなところに踏み込んでみれば。

　さあ、行ってらっしゃい！

なじみのお店もたくさんできた。
これからまたどれだけ増えていくだろう？

第2章

福島は大丈夫！ 安全だ！

福島が安全、大丈夫な理由

●一部の帰還困難区域以外は、除染が進んでいて放射線量はわずか。あっても歯のレントゲン程度しかない。

●福島の食物は、現在日本で一番厳しい検査を経ている。つまり最も安全といえる。

●福島県の人々は、元気で明るく未来を見据えて歩んでいる。

福島のどこへ行っても放射線は微々たるもの！

上の線量計の数字をみてもらいたい。この後に出てくる4章&6章の社会科見学で、温泉地や食のお店、自然、プレイスポットなどで訪れた場所場所で測ったものだ。0.08から0.24マイクロシーベルトの範囲内で収まっていて、だいたい歯のレントゲンを撮った時の1〜2回分と言える。

県産の食材はむしろ安心！ 人々も福島の未来を考え、元気に前を向いて生きている!!

２０１２年２月のことでした。東日本大震災からまだ１年。「竹山日帰りぶらり旅」を本当の意味で楽しめるようになるちょっと前。ぼくのツイッターが大炎上しました。

理由は、福島で野菜を買ったから。

「今日は癒しを求めとある場所にこやつらと日帰りの旅に行く！」とツイッターでつぶやいて、まったくの思い付きでスタートした後輩芸人３人との癒し旅。一路、福島駅から車で30分のところにある高湯温泉「安達屋」さんへ。そこの露天風呂があまりによかったため「東京からも近いしよい所はいっぱいあるのです！」なんて、写真とともに喜びの気持ちを発信したのですが…。

そんな楽しい時間もつかの間、ここからが大炎上の始まりでした。

このツイートが火種になったんでしょうね。すぐに、その温泉はチェルノブイリで言うところのうんぬん…という具合に、いかに危険な地域であるか。「お前はバカか」という、たくさんの忠告（警告？）をもらって。でも、これなんかかわいい方で。続いて松尾芭蕉も入ったらしい飯坂温泉「鯖湖湯」へと移動。レンタカーを返しがてら近くのスーパーで野菜を買ったら…この直後どえらい事になったんです。

恐ろしいくらい、ぼくのツイッターが炎上しました。

たまたま地元の応援コーナーがあったから買っただけ。単純に安かっただけなのに。

ぼくは普通に「福島駅前のヨーカドーの地元コーナーのやさいを購入し日帰り旅行は終わりました。地元野菜コーナー、バンバン売れてました。地元の方々も地元福島の復活の為に支えあって頑張っています！ ヤンキーもギャルもババアもオヤジもジジジもジジババもガキも元気です！」（原文ママ）

魚も野菜も米もほんとに美味しい。
福島に食べに来ると分かる。そして安全！

と事実を報告したつもりなんですが、これまでにないリプライが殺到したんでびっくりしました。

しかも、ほぼほぼが批判！

やれ「何で危ない食品を紹介してんだ」「福島なんか行ってんじゃねー！」「何をもって大丈夫だと？」「人を巻き込むな」「チャレンジャー」「情弱」……どれも真実なんか何もない感情論ばかり。ただのバッシングでした。

こっちもアツくなっちゃって、「無責任に福島へ行くのを進めるなとかセシウムが入った野菜をすすめるなとかバカな意見があったが俺は言いたい！バカたれが！いいかお前がそんな事

福島の大きな魅力のひとつは「食」。
風評に踊らされず、一度食して欲しい

いいよる場所ではな県民は不安ながらも息して野菜食って生きてんだよ！ まずそこに生きる人の気持ちを考えんか！ 以上！ 寝る！」（原文ママ）。そうつぶやいて、その晩はふて寝してやりましたよ、ええ。

ほかにも、言葉にできないような中傷やらがたくさん。

そりゃあもう、イラッときました。いやいや、それは違うと。話を聞け、と。

また、ぼくだからこんな風に言われるのか…とも思ったり。高卒の芸人風情が何を言ってやがるんだって。こんなにも反応が返ってくるとは予想もしていなかったし。

「ここまで言うか？」と思いましたし。空恐ろしくもなりました。

それで「そうか、みんな正しい情報を知らないんだ」と思って「TBSラジオ Digの先日月曜日のポットキャストも聴いてみて下さい。現在福島に住んでる人達の生の声が聞けます」とつぶやいたはいいけど、全然聞く耳を持ってくれない。

それどころか、発言の一部だけが歪曲して伝わって、いつの間にか「原発賛成、福島は安全！」的なイタイおっさんになっとる。あれほど「福島の人たちも立場や状況によって考え方が違う」「いいところも悪いところもある」「それぞれの意見がみんな正解」と言っとるのに、一個も伝わっとらん。

東京電力福島第一原子力発電所を巡る問題は、冷静に、慎重に語らなきゃいけない。じゃないと、こんなにも間違った情報が広がるんだな。これが炎上で学んだことです。

そんなふうにツイッターで叩かれたことに対する反発もあったんでしょうか？　このころを境に、よりひんぱんに福島に通うようになりました。いや、もう意地かな。ちゃんと自分で足を運んで。目で見て耳で聞いて体感したありのままの福島の〝いま〟を伝える。こと原発に関しては賛成、反対の感情を抜きにした現実を伝えよう。同じ「観光」目的では行ってはいるんですが、なんか気持ちが変わりましたね。

当時は福島全体が駄目になったと思った人がたくさんいたと思うんですけど、福島駅周辺なんか、みなさん普通に飲み歩いてたり。変な話、風俗のお店も営業してたり。もちろん、大変な思いはされたんだろうし、飲み屋さんなんかで話を聞けばツラい話も出てくるんですが、どこの街でも見かけるごく普通の日常といった印象で。

観光ガイド的な役わりも大事だけど、こういう日常を伝えたいなと。

あと、ぼくは「支援」とか「被災者」って言葉を使うのが嫌なんですが、地元の人のなかにも「被災地、被災者って言ってくれるな」とか「俺たちは普通なんだ」「支援だとか〝福島のために〟とか、もうやめてくれ」と言ってる人もたくさんいて。

「被災者と一括りにしちゃうと現実が見えずらくなるな」とも思いました。

とはいえ、いろんな意味で「福島は大丈夫」と思えるようになったのは、第1章でも記した2014年の春ごろ。

ぼくとしては、福島産の食べ物は米だって野菜だって一袋ごとに放射線量を検査しているから、むしろどの産地よりも安心と思ってましたが、このころから野菜を買ったとつぶやいてもそんなに批判されなくなったり。応援のコメントもいただくようになったり。

震災から3年が経ち、問題が一歩一歩解決の方向へと向かっていることや、正しい情報が伝わるようになってきた

福島らしい〝遊び場〟もたくさんある。
ぷらっと旅行に来ても飽きないぞ！

ことで、ちょっとずつではあるけど、世間のイメージが変わってきたのかなと。3年という時間が経過するなかで、福島の人たちにも本当の意味での明るさが戻ってきたようにも見えましたね。

かく言うぼくも「支援」という言葉が嫌い嫌いと言いながら、それまではどこか偽善的な気持ちがあったのは事実で。「竹山日帰りぶらり旅」として純粋に福島を楽しむにはちょっと時間がかかりました。第三セクターが作った変な資料館にツッコんだりして「この〝遊び〟おもしろいな！」って、なるまでは。

そうするうちに「もっと福島の現状を知りたい」と、ずっと地元のコネクションを探って2016年の3月にエフイチ（福島第一原発）内に入ったんですけど、そこも想像していたのとまったく違って、みなさん普通に働いてました。

作業員の人たちも街行く人たちもみんな福島の未来を考え、元気に前を向いて生きていることがわかった。メディアで報道されているイメージとは全然違うなって。

やはり自分の目で見て、耳で聞いて。実際に確かめないと本当のことはわからないなと改めて思いました。まー、これをツイッターで発信したら、またもや大勢の人から叩かれるんですけど…。懲りずにもう一度行って来ます！（P94〜）。

第3章

福島ってどんなとこ？ 基礎知識を知る！

これが福島県だ！

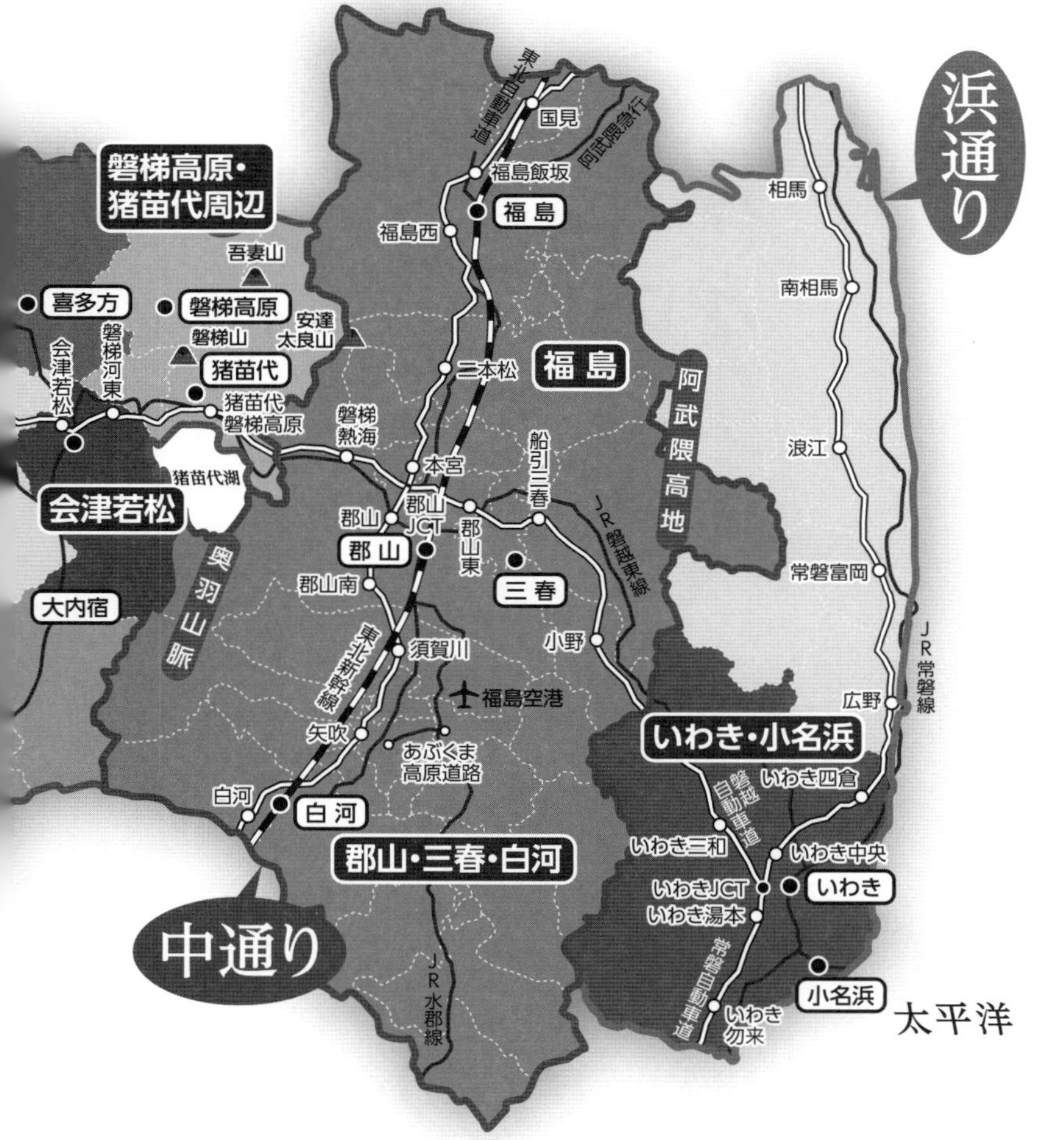
浜通り
中通り
磐梯高原・猪苗代周辺
会津若松
喜多方
磐梯高原
猪苗代
吾妻山
磐梯山
安達太良山
会津若松
磐梯河東
猪苗代磐梯高原
猪苗代湖
大内宿
奥羽山脈
東北自動車道
国見
阿武隈急行
福島飯坂
福島
福島西
二本松
磐梯熱海
本宮
郡山JCT
郡山
郡山東
船引三春
三春
郡山南
須賀川
東北新幹線
小野
JR磐越東線
福島空港
矢吹
あぶくま高原道路
白河
郡山・三春・白河
JR水郡線
阿武隈高地
相馬
南相馬
浪江
常磐富岡
広野
JR常磐線
いわき・小名浜
いわき四倉
磐越自動車道
いわき三和
いわき中央
いわきJCT
いわき
いわき湯本
常磐自動車道
いわき勿来
小名浜
太平洋

北海道、岩手県に次いで面積が広く、東西に長く伸びる福島県は、太平洋岸の浜通りと、新幹線が通る中通り、そして山に囲まれた会津にわかれ、それぞれ江戸時代には行政区分も違っていたように、県民性も大きく異なる。

漁師町のため開放的な浜通り、好奇心強く、都会的で柔軟な中通り（郡山出身の西田敏行さんは15歳で上京を！Ｐ166〜）、律儀で頑固一徹だが情に厚い会津。文字通り、三者三様。だが総じて人と人の触れ合いを大事にする。

だからこそ、竹山のようにぶらり旅をするには最適なのだ。

福島はスゴい①

自然が美しい

会津城下と栃木県日光市今市の下野の国を結ぶ江戸の面影残す宿場町「大内宿」。

福島の一番の売りは大自然！ちなみに2018年度の福島県公式イメージポスターでは安達太良山（二本松市）、花見山（福島市）、達沢不動滝（猪苗代町）、鳥崎海岸（南相馬市）などを紹介。どれも県内指折りの絶景&インスタ映えスポットだ。サーフィンとスキーの両方が楽しめるのもいい。

春の雪の回廊や秋の紅葉などの絶景を楽しめる「磐梯吾妻スカイライン」。

樹齢1000年以上の巨木から滝のように咲く桜が美しい日本三大桜「三春滝桜」。

福島はスゴい②

メシがうまい

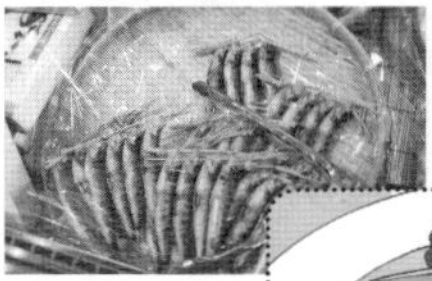

良質な霜降りとやわらかな肉質が特徴の「福島牛」を使った料理も人気。

江戸の昔、その美味しさから米にも負けないご馳走と言われた「会津そば」。

名産の桃をはじめとするフレッシュな果物を贅沢に使う「福島パフェ」。

海、山、その両方の幸に恵まれている福島だけに、新鮮な魚介をはじめ野菜や果物も有名だが、実はラーメンの激戦区。県内では８００軒もの店がしのぎを削り、それぞれ趣向を凝らした一杯を楽しめる。また喜多方ラーメンと白河ラーメンという有名ご当地ラーメンを２つも持つ珍しい県でもある。

福島はスゴい③

温泉がサイコー！

温泉の歴史ある温泉地やクラシックでレトロな雰囲気の温泉街から巨大スパ、健康センターまで。その種類、泉質ともに多種多様な温泉が楽しめるところが福島の魅力。有馬、道後、白浜と並ぶ日本を代表する古湯「いわき湯本温泉」のほか、全国で5番目に多い１３２カ所もの温泉地が軒を連ねる。

「奥の細道」で松尾芭蕉が訪れた「飯坂温泉」。秋保、鳴子と並ぶ奥州三名湯。

行基が発見したとされる「東山温泉」。土方歳三が傷を癒したとの言い伝えも。

吾妻山の山懐に湧く「土湯温泉」。1000年以上の歴史を誇り、豊富な泉質が特徴。

福島はスゴい④

お酒が旨い

会津の豊かな自然のもと、古くから酒処として栄えてきた福島。鑑評会における金賞受賞銘柄は5年連続で日本一を誇り、いまや新潟や秋田に迫る日本酒の産地に。浜通り、中通り、会津の各地域ごとに多様な味が楽しめ、なかでも全国新酒鑑評会で金賞を受賞した「会津ほまれ大吟醸酒」は絶品！

世界的品評会において金賞を受賞した「米焼酎ねっか」のほか「焼酎」も旨い。

「日本酒」。豊かな湧き水と美味しい米が自慢の福島には50を超える酒蔵が。

福島はスゴい⑤

遊び場がいっぱい

関東から近場で雪質もよく積雪量も安定している福島は「スキー」もオススメ。

「スパリゾートハワイアンズ」は東京から車で2時間半〜3時間の好アクセス。

猪苗代、磐梯高原、会津高原など福島は「パラグライダー」が盛んな土地。

[第3章]

福島ってどんなとこ？

基礎知識を知る！

東北地方の南に位置する福島県は、東京方面からも東北方面からもアクセスしやすい立地にあり、「宝の山」と言われる磐梯山をはじめ、神秘的な五色沼や、国内4位の大きさを誇る猪苗代湖といった大自然に囲まれ、鶴ヶ城や大内宿など歴史的に貴重な建造物も見どころとなっている。

とはいえ、CMや映画『フラガール』で知られる「スパリゾートハワイアンズ」と東北随一の水族館「アクアマリンふくしま」をのぞけば、全国区のアミューズメント施設は少ない…のが正直なところ。

しかし、福島には竹山が言うところの「大人のレジャー施設」がたくさんある。本人一番のお気に入りで〝第三セクターが無理やり作った系〟の「UFOふれあい館」や〝なぜそこにこんなものが!? 系〟の「いわきマリンタワー」。いわく「しょーもないところごと楽しむ」施設。大人になったからこそわかる、「ツッコむ」という楽しみ方。旅の計画がつまずくとすぐに文句を言うのではなく、無計画ななか、自分たちで行く場所も楽しみも見つける。これぞ大人の旅の醍醐味。

第4章

カンニング竹山と行く！
福島社会科見学

※各店の情報は編集部調べ。
自分でもネットなどで調べてから行ってね！

＼Vol.1／

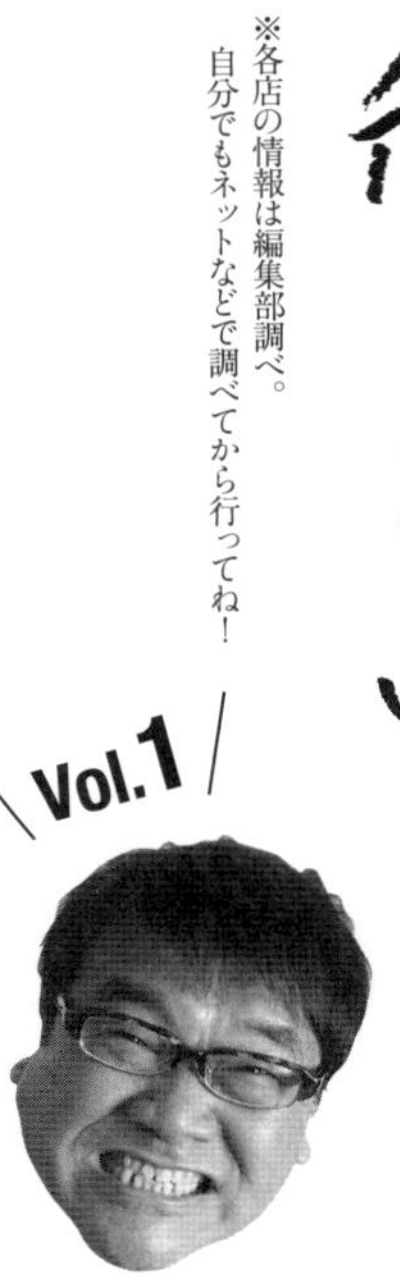

＼福島に行ったら一度は行くべし！／

アクアマリンふくしま

「海を通して人と
地球の未来を考える」。
そんな理念のもと、
スケールの大きな展示で
世界的に注目を集める
新しいタイプの環境水族館

DATA

住福島県いわき市小名浜字辰巳町50営3月21日～11月30日 9:00～17:30、12月1日～3月20日 9:00～17:00※入館は閉館時間の1時間前まで休年中無休電0246-73-2525

楽しく学べて体験できる東北最大級の水族館。「潮目の海」をテーマに800種を超える生物を展示。2000年のオープン以来、福島の海に恵みをもたらす黒潮と親潮の潮目で暮らす生物と自然環境を丸ごと再現し、展示している。

「テレビのロケで全国の水族館に行ってますから、〝どーせどこも同じだろ〟と、最初は高を括ってたんですが、めちゃくちゃレベルが高くて。目の前にある地元の海を再現してたり、ちゃんとお客さんを楽しませる見せ方に感心しました」

また世界最大のタッチプール「蛇の目ビーチ」を併設した子ども体験館「アクアマリン えっぐ」では、釣り体験や炭火焼き体験など、ご家族・グループで楽しめるイベントを毎日開催。

「館内の大水槽を泳いでる魚を食べられるんですよ。で、水槽を眺めながら寿司になった魚を食う（笑）。そんな〝食育〟もやってたりと、発想がユニーク。福島に行ったら一度は行ってほしい施設です」

ＪＲ常磐線泉駅から小名浜・江名方面のバスに乗ること約15分、「支所入口」で降りて10分ほど。正式名称は「ふくしま海洋科学館」なのでご注意を。

カンニング竹山と行く！

福島社会科見学 vol.1

東日本大震災により被害を受けたが、奇跡的な早さで復興。館内は生き物の「過去・現在・未来」をコンセプトに、3つにわかれる。

見せ方が上手い
ナメてたけど
感心した!!

ドーム状のガラスをのぞき込めば、海の生物を内側から見ることができる。同館が研究を続けるシーラカンスの標本も見もの。

黒潮と親潮が出会う「潮目の海」。1～3階吹き抜けの大水槽は迫力満点。入場料大人1800円、小中高生900円はお得！

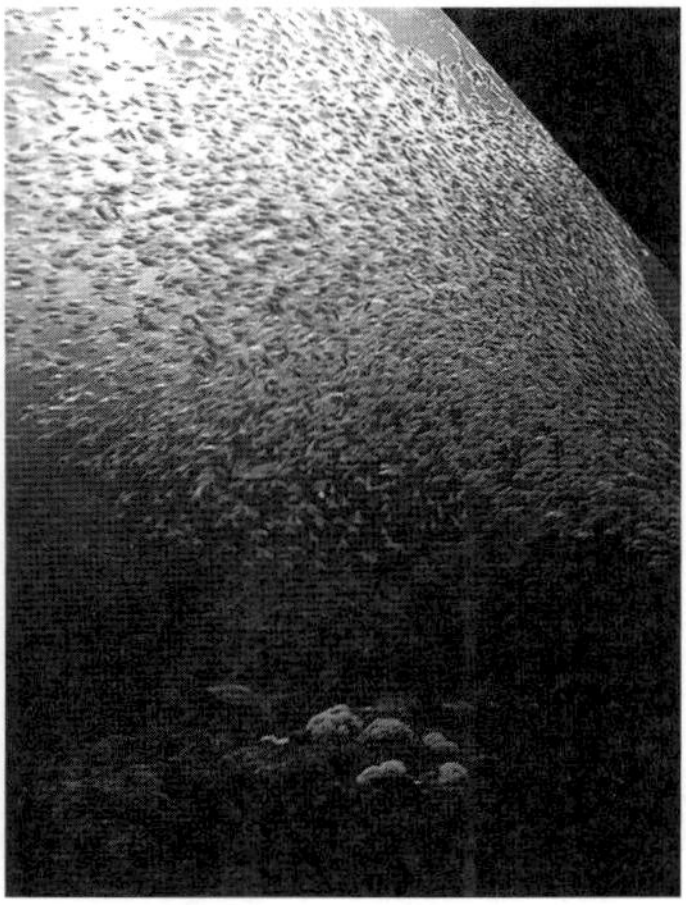

＼“なぜこんなところにこんなものが!?”／

いわき マリンタワー

名浜港東端の岬に立つ
塔屋59.99mの展望塔。
海抜106mの展望室から、
いわき一円が一望でき、
屋上スカイデッキに登れば
360度の大パノラマが！

DATA

住福島県いわき市小名浜下神白字大作93営9:00〜17:00※入場は16:30まで休毎月第3火曜日及び1月1日 ※第3火曜日が祝日にあたる場合はその翌日電0246-54-5707

いわき市小名浜の三崎公園に建つ塔高59・99mの展望タワー。台地上に建てられたため、屋上スカイデッキは海抜106mに位置。眼前に広がる太平洋といわきの街並みを一望できる。

「とはいえそんなに高くないし、錆びた階段を展望台まで登ったところでいい景色以外は何もない（笑）。だから〝なぜこんなところにこんなものが!?〟という疑問から入るとおもしろいと思います。大人だったら、そのへんの事情は察しがつきますが（笑）」

1985年8月にオープン。推測どおり、いわき市市制施行20周年を記念して作られた。

「調べてみたら案の定、第三セクターで。ほかにも全国にはバブル期に竹下登元首相が発案した『ふるさと創生事業』の1億円バラまきで作った謎の建造物とかモニュメントがたくさんあって（いわき市は、テーマパーク『いわき市海竜の里センター』を建設）。高知でしたっけ？ 純金のカツオの像とか（後に県に売却。盗難に遭う…）意味不明なオブジェも。それを〝笑う〟という遊びが楽しい。こういうしょーもない〝大人のレジャー施設〟をスタンプラリーで回る…なんて企画を考えたんですが、誰か乗っかりません？（笑）」

いざスカイデッキへ。写真のエレベーター横には売店があり特産品や土産物が買える。入場料は一般320円、中高大生210円、小学生160円（個人）。

これ絶対、バブル期に建てたでしょ！

展望台からの眺め。晴天の日は空と海の青が広がる。360度パノラマで見渡せるため、どのあありが震災の被害が遭ったのか、すぐにわかる。

津波で亡くなった方々を思い合掌。「福島の海に行くと、ここにも人が住んでたんだろうな…って。いろんなことを考える」

＼お子さんがいらっしゃる方は！／

いわき市 石炭・化石館 ほるる

常磐炭田の採掘の歴史と
いわき市内で発掘された化石や
諸外国の化石資料を展示する
ご家族連れにぴったりの
石炭と化石のミュージアム。
愛称は“ほるる”

DATA

住福島県いわき市常磐湯本町向田3-1 営9:00〜17:00※入館は16:30まで 休毎月第3火曜日および1月1日※第3火曜日が祝日・振替休日の場合はその翌日 電0246-42-3155

本州最大の炭田地帯として栄えた「常磐炭田」の資料や採掘道具がズラリ。抗口エレベーターや模擬坑道がリアルに再現されていて、現代までの採炭の歴史や炭鉱の生活を疑似体験できる。

「正直うーん…という感じですが（笑）、こういう土地の歴史というものは見といてもいいんじゃないかな。とりわけ、お子さんね。石炭なんて知らないだろうけど、昔はこんなに苦労してエネルギーを得ていたんだってことを教えといた方がいいです」

ほか市内各地で発掘されたクビナガリュウやフタバサウルススズキイをはじめとする化石群も展示。

「丸々一頭ぶんの恐竜の化石は、当然ほとんどがレプリカなんですけど、スケール感は体感できるから、とりあえず見てみなさいと。『あるものは見る』。これが〝大人のレジャー施設〟を巡る旅の鉄則ね！〝なんだかなー〟とため息をつかず、そこにあるものは見て。マリンタワーだとか登れるものがあればとりあえず登ってみる。そうしたら案外おもしろかったな〜ってことも…たまーにですが、あります（笑）」

ちなみに同館の館内は、映画『フラガール』の常磐炭田のシーンで使用。映画ファンもぜひ。

エントランスでは、いわき市で発見された日本を代表する化石フタバサウルススズキイが竹山をお出迎え。トリケラトプスなど各国の恐竜の化石も。

あるものは見るこれって旅の鉄則よ！

「T-REXって昔は直立してたけど、最近は違うんですよね。体毛が生えてたって説も」などなどウンチクを披露。大人は童心に戻ること請け合い。

かつての炭鉱を再現。展示されている掘削機械はその当時使用されていた本物とか。入場料は一般650円、中学生・高校生・大学生430円。

＼ 福島に来たら“必ず行かなきゃいけない”店 ／

自家製麺 えなみ

2009年4月にオープン。
元ボクサーの店主こだわりの
自家製麺と地鶏ベースの
スープが大人気！
とりわけ塩系ラーメンの
黄金スープは絶品！

DATA

住福島県福島市南矢野目中江12-1営11:00～15:00、※つけ麺は14:40ラストオーダー／18:00～21:00 ※スープがなくなり次第終了休水曜日電024-557-3479

「福島市で『伊達屋』（P114）に次いで旨いと評判の店で、相当レベルが高いです！」。

「イオン福島店」近く、平日でも行列ができる人気店が「えなみ」。自家製麺は国産キタノカオリなど数種類の小麦をブレンドした独特の細麺を使用。細くてもコシが強い、ツルツルだがモチモチの食感が味わえる。また竹山も「抜群」と唸るスープは川俣シャモを主体に、鯵、鰹、煮干しなどの魚系と干ししいたけなどをベースにしている。

「ぼくから言わせれば、福島を訪れた人は行ってみてくださいではなく、〝必ず行かなきゃいけない〟ってお店！　個人的に『伊達屋』が一番ぼくの好みというだけで、甲乙つけがたいです。よく食べるのは『黄金の鶏塩らぁめん』（650円）。麺やスープはもちろんチャーシューもめちゃくちゃ旨い。ラーメン以外にサイドメニューがたくさんあるのもうれしい。店の人に活気があるのも食欲を倍増してくれます」

席はカウンター10席、テーブル10席の全20席。

「昼時は混んでますので、行列に並ぶことは必至！　早起きして、朝飯を抜いて(笑)、体調を整えたうえで出かけて下さい。〝必ず行かなきゃいけない〟理由がわかるはず‼」

カンニング竹山と行く！
福島社会科見学 vol.1

＼ひとっ風呂浴びて疲れを癒すのにぴったり／
さはこの湯

日本三古泉のひとつ
「いわき湯本温泉郷」にある
源泉掛け流しの公衆浴場。
純和風の建物が目印。
1995年に建てられ、
温泉街の新たなシンボルに。

DATA

住 福島県いわき市常磐湯本町三函176-1 営 8:00〜22:00※最終入館は21:30まで 休 毎月第3火曜日および1月1日※祝日の場合は翌日 電 0246-43-0385

江戸末期の様式を再現した情緒あふれる純和風の建物が訪れる人を魅了する公衆浴場。いわき湯本温泉は１９００年もの歴史を持っていて、古くは「三函の湯」と呼ばれ、愛媛の道後、兵庫の有馬温泉とともに日本三古泉と言われていた。

「温泉街の中心にあるし、建物の上に乗っかってる火の見櫓を目印に探せばすぐにわかると思います。公衆浴場だけあって２３０円（小人は90円）と銭湯よりも安いんで、気軽にひとっ風呂浴びて、運転疲れを癒すにはぴったりじゃないですかね」

うたせ湯のある岩風呂「宝の湯」と、八角形の形をした木の香り漂う檜風呂「幸福の湯」があり、男女が日替わりで入浴。源泉掛け流しの天然硫黄泉は、皮膚病や婦人病、高血圧症などに効果があり、旅の疲れを癒してくれると評判だ。

「ただね、疲れを癒したかったんですけど、八角形の風呂の全部の角に地元のじいさんたちがズラッと入ってたことがあって。じいさんたちはみんな内側向いてますから、真ん中にぼくがいるのもどうかなーと。入るに入れなかったことがあります（笑）」

温泉街には「スパリゾートハワイアンズ」も！

＼ 南相馬で何食べるか迷ったらここ！ ／

旭川ラーメン ゆーから

旭川ラーメンの店として
地元の人に愛される、
福島県でも屈指の有名店。
県内はもちろん
都内のラーメンフリークや
歴代ラーメン王も訪れる

DATA

住福島県南相馬市原町区本陣前2-71-3営11:30〜13:30※スープがなくなり次第終了休毎週水曜日※祝日の場合は営業、翌日休み電0244-23-7372

南相馬市で旭川ラーメンを提供している有名店。最寄り駅である原ノ町駅からは車で10分。しょう油や味噌、塩などの定番ラーメンが揃っていて、旭川ラーメンの特徴である豚骨と鶏ガラに魚介を合わせたダブルスープが濃厚で旨い「正油ラーメン」（650円）が人気のメニュー。麺は堅めのストレート麺。肩ロースをこだわりのたれで煮込んだチャーシューと半熟卵、メンマ、長ネギが彩りを添える。

「南相馬でラーメン屋さんを探してるときに気になって行ったんですが、とんでもなく旨かったですね。最初は〝旭川ラーメン〟がどんなものか知らなかったんですけど、濃いめの味がぼく好みで。チューシューも濃いめの味ですが、全体的にバランスが取れてて何杯でもイケる。そんな普遍的な味でした」

目印の黄色い看板を掲げて18年目。開店はたったの3時間と短いため、地元のファンを中心になじみの味を求めて常連客が足を運ぶ。

「朝のオープン前に行って並んで入ったんですけど、その価値はありました。知らない街で何食べるか迷ったときは、ネットで検索して。地元の人に愛されてるラーメン屋さんにしとけば間違いなし！」

＼下から見上げて開設120年の歴史を感じる／

塩屋埼灯台

いわき市の薄磯海岸に
1899年に開設されて以降、
いまも沖合40kmの海上を照らし
船の安全を守る灯台。
その美しい白亜の外観から
「日本の灯台50選」にも選ばれる

DATA

住いわき市平薄磯宿崎33営8:30〜15:30休強風及び悪天候時電0246-39-3924

1899に塩屋埼航路標識事務所として開設された「塩屋埼灯台」は、海抜73メートルの断崖に立つ白亜の灯台。全国でも珍しい参観灯台（内部が常時一般公開されている灯台）のひとつ。「日本の灯台50選」に選ばれていて、ミュージアム内では灯台の仕組みや歴史などが学ぶことができる。

「実は下から見上げたことしかないんです。美空ひばりさんの銅像がある薄磯海岸から、なかなか険しい坂道を登ってかなきゃなんで（笑）。そこからさらに灯台の階段を登るなんて、ぼくには無理！」

故・美空ひばりが大病後の1988年、復帰第一弾として発表した名曲「みだれ髪」は、ここ塩屋岬が舞台。そのため薄磯海岸には歌碑や遺影碑、「永遠のひばり像」が建立されている。

「ひばりさんの歌碑のページ（P88）でも紹介しますが、海岸から見上げる塩屋埼灯台がすごくいい感じなんですよ。ほかのページでは〝そこにあるものは見ろ！〟〝登れるもんがあったら登れ！〟なんて旅の心得を説きましたが、体力に自信のない人、面倒くさい人は無理して登んなくてもいいです！　灯台は下から見る方が絶対にきれい！　まー上まで登ってないからわかりませんけどね（笑）」

＼ 福島にリカちゃんの城があるって知ってた!? ／

リカちゃんキャッスル

1993年5月にオープン
福島県小野新町にある
日本唯一のリカちゃん人形
一貫生産オープンファクトリー。
リカちゃんにまつわる展示や
オリジナルドールの販売も

DATA

住 福島県田村郡小野町小野新町中通51-3 営 10:00〜16:00※最終入館 15:30 休 毎週月曜日※祝祭日は営業（冬季特別休館あり※要確認） 電 0247-72-6364

タ　カラトミーが発売している着せ替え人形「リカちゃん」の生誕25周年記念日である１９９３年５月３日に、日本で唯一の人形のオープンファクトリーとして開設。リカちゃんやジェニーを生産している様子をガラス張りの通路から見学できる。

「最初は例によってちょっと笑えるところなのかなと。〝リカちゃんのお城って何だよ〟と思って行ったんですけど、平日だし誰もいないだろうな…なーんて思ってたら、大勢いるんです、ご家族連れが！　ぼくらは後輩と男３人。で、リカちゃん作ってるところを見学して（笑）。いや〜恥ずかしかった」

　ほかにも、１９６７年に発売された初代リカちゃんをはじめとする歴代のリカちゃんを展示したミュージアムや各種グッズを販売する売店も。

「そうしたら後輩が〝飾ってあるリカちゃん人形をきれいに撮る〟って遊びを始めて。なぜか３人めちゃめちゃハマっちゃって。いかにきれいに撮るか競ったり（笑）。こんなおっさんたちでも夢中にさせるなんて、やっぱりリカちゃんってすげえんだなと思いましたね。なのでお子さん、特に娘さんがいらっしゃる方はぜひ！　かなり楽しめると思いますよ」

「リカちゃんの貸衣装があって、女の子は着れるんです。男子にとっての仮面ライダーのスーツと同じなんでしょうね。みんなニコニコしてたなあ」

歴代のリカちゃん人形がズラリ。「真面目な話、リカちゃんって日本の歴史なんだと思いました。顔立ちとか髪型、ファッション。写し鏡だなと」

「期待してなかったら意外と夢中に。こういうのが行き当たりばったりの旅の楽しいところですね」。入場料は大人800円、2歳〜中学生600円。

＼風呂の数がやたらと多くて最高な温泉宿！／

華の湯

福島空港から車で40分、
駅からも車で5分！
自慢の庭園露天風呂と
展望ひのき大浴場で
湯舎めぐりが楽しめる、
東北屈指の温泉旅館

DATA

住福島県郡山市熱海町熱海5丁目8-60営10:00～17:00休無休電024-984-2222

庭園露天風呂をはじめ岩風呂、ジャグジー、サウナ、檜樽風呂や展望ひのき癒しの湯に加えて30種類の湯舎がある東北屈指の温泉旅館。

「日帰り温泉として使わせてもらってるんだけど、本当は泊まりで行くのがいいでしょうね。なぜかと言うと、とにかくデカイから。そして風呂の数がやたらと多い！　気の置けない仲間と行って、風呂に入って飲んで、寝て。また風呂に入って酒を飲む…というのを、ぼくもいつかやってみたいです」

同ホテルのホームページにも「1日615トンもの湯量を誇る天然温泉を使用したお風呂で、巡りきれない温泉巡りをご堪能ください」とあるほど。

「〝巡りきれない〟って（笑）。そりゃあ、そうでしょう。露天風呂だけでも、1、2、3、4、5…数えきれないくらいあるから！（笑）」

立ちっぱなしの湯、瞑想の湯、陶器の湯…などなど露天風呂だけで13種類！　これで入浴料は日帰りで1200円（小人600円）は驚き。

「アクセスもよくて、郡山の駅から車で20～30分で行けちゃうからめちゃくちゃ便利。次に行くときは一泊して、13種類制覇したいですね」

後輩芸人のスパローズ大和と。「リカちゃんキャッスルもコイツと行きました（笑）」

＼ 高尾山的な気軽さがいい感じ！ ／

五色沼

ミシュラン・グリーンガイド
1つ星にも認定された
福島の絶景スポット。
近年はトレッキングコース
としても人気で、
四季折々の風景が楽しめる

DATA

住福島県耶麻郡北塩原村桧原営24時間休悪天候電0241-32-2850※裏磐梯ビジターセンター 受付時間：9:00〜17:00まで

正確には「五色沼湖沼群」と言って、毘沙門沼、赤沼、みどろ沼、竜沼、弁天沼、るり沼、青沼、柳沼などの数多くの湖沼の総称。沼によって、エメラルドグリーン、コバルトブルー、ターコイズブルー、エメラルドブルー、パステルブルーと色が違う不思議な場所で「神秘の湖沼」と言われる。

「裏磐梯にあるんですけど、郡山でレンタカーを借りて1時間ほど。東京で言うところの高尾山みたいな感じなんでしょうか？ 朝からわりと観光客がたくさんいました。行程は、おおよそ4キロ。じーさん、ばーさんの姿も目につきましたね。しかも、みんな元気。ぼくと後輩、おっさん3人組はぜえぜえあえいでるなか、しょーもないダジャレとかギャグを飛ばし合ってましたが（笑）」

〝5つの沼〟というわけではなく、さまざまな色彩を見られることからこう呼ばれ、天候や季節、見る角度、水中に含まれる火山性物質などによって異なる風景を見せてくれる〝一期一会の沼〟だ。

「しょっぱなの毘沙門沼と最後の方にある青沼がきれいだから、結局4キロ歩かなきゃなんない仕組みに（笑）。で、〝ゴール！〟と思ったら復路があるのを忘れてました。いや〜帰りはキツかった!!」

毘沙門沼をバックに。「ここからの道中は『また沼かい！』というツッコミの繰り返し。そのやり取りがまた楽しいんですよ」

青がきれい！
違う季節にも
来てみたい

＼ 地元で長年愛されてる理由がわかる ／

春木屋 郡山分店

1949年に開業した
東京荻窪の「春木屋」
からのれん分けした郡山の名店。
飾り気はないものの
鶏ガラと煮干の香り漂う
懐かしのしょう油ラーメンが旨い

DATA

住郡山市桑野2-16-13営11:00〜15:00／17:00〜20:00休不定休電024-922-0141

郡山市の押しも押されぬ人気店。実は東京は荻窪で1949年（!）に創業した「春木屋」の郡山分店。昔懐かしい「中華そば」（700円）は、長年地元の人たちに親しまれている。

「福島と言えばラーメン！ と言うことで、例によって検索して行って来ました。すでに行列ができていて、いただいたのは春木屋さん一番人気のワンタン麺（1000円）。これは最高だった！」

30種類以上の野菜、鶏ガラ、魚介などの吟味された材料による絶妙なバランスが抜群のスープに、4種の小麦粉を配合した自家製麺。ここに器を覆わんばかりのチャーシュー、メンマ、ワンタン、卵などが入った、見た目にもテンションがあがる逸品。

「まー、旨い！ 味は濃いめながら、しっかりした麺といいバランスで。ぼく的に好みですね」

春木屋本店の5人の弟子のうち、1番弟子と3番弟子の兄弟が郡山分店を出したのが1994年。

「郡山から戻って荻窪の本店にも行きました。当たり前ですが、こちらもめちゃくちゃ旨い。本店も分店も元気がいいし、接客も丁寧。ラーメン激戦区の両地区で長年愛されている理由がわかります」

カンニング竹山と行く！

福島社会科見学 vol.1

「なにせ人気店。大きな駐車場もありますが(20台)、とりわけ昼どきには余裕を持って行かれることをお勧めします」

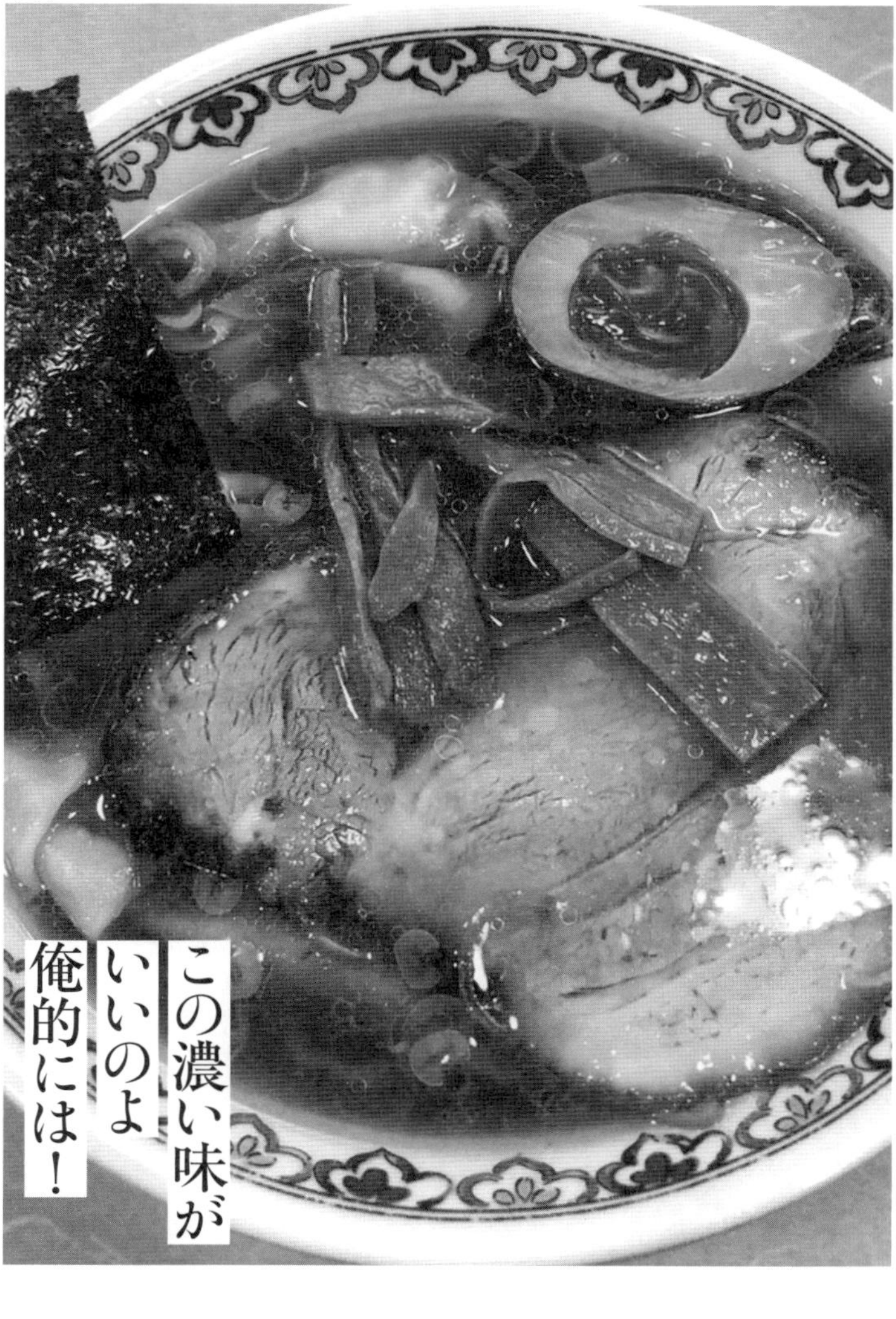

＼インスタ映え福島ナンバーワン！／

ゼリーのイエ

1988年に小名浜の住宅街で
自宅を改装して開店。
オープン以来40年もの間
変わらぬ味の手作りゼリーが
いわきの人たちに愛される、
地元密着の洋菓子店

DATA

住いわき市小名浜寺廻町7-16 営9:00〜15:00※商品がなくなり次第終了 休毎週土曜日、日曜日、祝日
電0246-54-2431

いわき市小名浜地区の住宅街で1988年にオープン。もともとは自宅の玄関で近所の人や知人向けにゼリーを販売していたが、口コミで来店者が増えたことで庭を利用した小さな店舗を作った。竹山は、今回が初の来店。「〝こんなところに!!〟というのが最初の印象でしたが、車を駐車して戻って来たらもう2、3組のお客さんがいて。それも朝9時に。聞けば子どものころから食べてて、誕生日だとかの祝いごとは、ここのゼリーだったとか。地元の人に愛されてるお店ははずれがないですからね、期待度が高まりました」

店頭にずらっと並ぶゼリーはどれもカラフルだが、ゲル化剤などを使用せず100%ゼラチンで固められていて、そのほとんどが天然果汁で作られている。

「40歳以上の人ならわかると思うんですけど、ホント懐かしい味なんですよ！ ちょっと弾力があって、やさしい味で。いわゆる流行りのスイーツとかじゃないんだけど、そこに負けない味と見た目！ これをインスタ映えと言わなくて何を〝映え〟と言うんだと!!（笑）。この写真じゃ伝わらないのが残念」

好評につき、オンラインショップでも購入が可能に。

https://www.zerry-house.com/

「このショーウィンドウからしてきれい。季節によって多少変わるけど、常時20種類ほどあるとか。しかし何でモノクロなのかねー、この本は（笑）」

食べるのがもったいない！食べるけど!!

「細田守監督の映画『未来のミライ』に、こちらのデコレーションモアリッチというゼリーが登場したそう（オンライン限定）。確認しなきゃ」

＼ 昭和の時代にタイムスリップする！ ／

小名浜ソープ街

昭和の時代から漁師をはじめ
工業で働く地元の人たち、
出張客、旅行客などの
心と体を癒やしてくれたのが
小名浜上町、中坪周辺に広がる、
赤線地帯の面影を残すソープ街

DATA

住福島県いわき市小名浜上町の周辺営9:00～0:00※店舗による

福島県の南東に位置する港町、小名浜は福島で唯一のソープ街。もともと漁業と炭鉱の町だったこともあり、戦後のいわゆる赤線からはじまり、１９５８年に施行された売春防止法施行のあとはトルコ風呂が出現して、その後ソープ街となった。

「昭和の時代にタイムスリップすると言いますか、変な感覚になりますよね。ある意味ここもインスタ映えする地域。写真の勉強でもしてるのかな？ 下北沢とか吉祥寺で首にカメラぶら下げてる姉ちゃんたちは。ここに来いと言いたい。変なカフェ撮ってるんだったら、こっちの方が映えるぞって（笑）」

東日本大震災の影響もあったなか、現在も15店舗ほどが営業。時間はどの店も60分となっており、料金も都心部に比べたら安め。特徴は、住宅街のなかにソープ店が転々と店を構えているところ。また地域に溶け込んでいて、震災のときにはソープ店が地元の人に浴槽を開放した…なんていい話も。

「そのせいか店番の兄ちゃんとか、すごくフレンドリーで優しいんですよ。『写真いいですか～』なんて、嬢もいっしょに撮ったりして。今回は昼間に行ったんで、こんどは夜の顔を見てみたいですね」

［第4章］カンニング竹山と行く！
福島社会科見学 vol.1

「住宅、住宅、住宅、居酒屋さん、ソープ。そんな感じでフツーに街に溶け込んでるのが印象的で、働いてる人たちもみんなフレンドリーでした」

「和風な名前の店が多くて、なかでもやたらと見かけるのが『鎌倉御殿』。なぜ福島で鎌倉なのか。チェーン店なのか。調べてみることにしよう」

「このすぐ先、大きな道路をわたった海辺にはイオンモールが。道を隔てて異世界になる感じもおもしろい。この景色、末永く遺してほしいものですね」

次は夜来よう
もちろん
一人でな！（笑）
鎌倉御殿
湯遊
鎌倉御殿
早朝営業中

＼ “奇跡の蟹”!? が待っている ／

太平洋健康センター いわき蟹洗温泉

波立海岸に建ち
展望露天風呂から海が見えて
日帰り、宿泊、宴会のできる
トータルヘルスケア施設
超音波ジェットバスや寝湯など
10種のお風呂が楽しめる

DATA

住福島県いわき市四倉町6-164-2 営日曜日～木曜日10:00～23:00、金曜日土曜日祝日前日10:00～24:00※翌6:00～8:00 休年中無休 電0246-32-2500

太平洋を一望できる展望露天風呂をはじめ超音波ジェットバスやバイブラバス、寝湯、薬湯風呂など10種のお風呂が楽しめる健康センター。観光客はもとより、地元の人も足しげく通う。

「2年ほど前にいわきに遊びに行ったとき半額券をもらったので行ったのがはじまり。そこから何回か訪れています。室内湯もいいんだけど、何よりここは海を見ながら入れる露天風呂が最高！ 露天風呂にある打たせ湯も肩こりのぼくにはありがたい。朝早くから夜遅くまでやってるのもうれしい限り」

海沿いにあるため、先の東日本大震災で大きな被害を受けたが、2013年7月に再オープン。

「ロビーに大きな蟹の椅子とテーブルがあるんですけど、どれもまるまる1本の木をくり抜いて作られているそうで。温泉のものは全部津波で流されちゃったんだけど、この蟹たちは耐えて浮いてたと。そういう〝奇跡の蟹〟に座るだけでもいい経験」

震災前は海水を取り入れた温泉も売りだった。

「天然温泉と海水を使っていたそうなんですが、原発のこともあって海水はしばらくお休み。再開したらぜひ海水露天風呂に入ってみたいですね」

日帰りは大人2000円、小人1000円（一般料金）※10:00〜23:00。深夜は割引き。ご飯も食べられるし、宿泊施設もあるし。おすすめです」

「これが蟹の椅子とテーブルの応接セット。座り心地がいいんで一つほしいな…って、いや、やっぱいらない。うちのリビングにはデカすぎる！」

海をながめながら一人。「いわき駅まで車ですぐなんですけど、いつも泊まりたいなーと。翌日仕事がないときに来て1日だらだらしたいです」

いやー、最高！
1日だらだら
していたい

＼ とにかく新鮮、そして安い！ ／

いわき 濱の名産 大川魚店

福島県いわき市四倉町と泉町で
新鮮な鮮魚や自家製の粕漬、
天日干しなどを販売する
鮮魚および名産品の専門店
1950年の創業以来、
地元を支える台所的な存在

DATA

住いわき市四倉3-6-8営9:30～18:30※日曜日祝日は18:00まで休毎週水曜日電0246-32-2916

道の駅よつくら港（P86）からほど近い住宅街にある鮮魚、名産品の専門店で、海鮮に目がない竹山もよく通う店。2016年にはいわき市の泉地区に2号店をオープンさせた。

「ぼくがよく行くのは四倉本店の方ですが、まー、建物がデカイです。〝魚屋さん〟というイメージとはちょっと違って、魚のデパートって感じ。海鮮に関するものは何でもある。試験操業のときにあたると目の前の海で獲れた新鮮な魚が食べられて。試験操業がないときも各地からいろんな魚を集めてるから、味は間違いなし。おまけに生ものも化工品もとにかく安いときてる！　お土産を買うときも保冷剤をくれたり発泡スチロールの箱に詰めてくれるんで、いつも買いすぎちゃって（笑）。総菜も弁当も〝えっ⁉〟って驚くくらいの安さ。自分ちの近所にあればなーと来るたびに思います」

鮮魚はもちろん自家製の粕漬けや天日干しなどがずらりと並ぶが、なかでもおすすめは「自家製うにみそ」（1500円）。白いご飯にぴったりだ。

「ほどよい甘みが白飯にも合うし、お酒もすすむ。これはぜひ一度食べてほしい、ひと品ですね…って、今回も買いすぎちゃったよ！」

ちょっとした市場のような店内。「めっちゃ広い。そして活気がある。魚を一尾買うとその場でさばいてくれたり、サービスも充実しています」

ツイッターやフェイスブックで積極的に情報を発信。「試験操業の魚の情報も教えてくれるんで、お出かけの前にチェックしてみてください」

「自家製うにみそ」のほかにも看板商品でナンバーワン人気の魚介の粕漬「いわき七浜漬」（3500〜5500円）など多数。お取り寄せもしている。

来るたびに買っちゃう！名物うにみそ

＼ 海鮮丼がなんと1000円から！ ／

道の駅よつくら港

四倉漁港内にオープンした
いわき市で初めての道の駅
地元の新鮮な農水産物の直売所
2階にはフードコート、
奥には海カフェがあり
豊かな眺望を眺めながら食事を

DATA

住 いわき市四倉町字5丁目218 営 3～10月 1F9:00～18:00 2F10:00～18:00／11～2月1F～17:00 2F～17:00 休 毎週火曜日と1月1日（交流館）電 0246-32-8075

国道6号線沿に面した、いわき市四倉漁港内にある福島県内19番目の道の駅で、2009年11月にオープン。しかし、東日本大震災によって甚大な被害を受け、2014年4月に全面再開された。

「津波でみんな流されちゃって、周りを含めた再開発でできた道の駅なんですけど、飯が旨くて安い！ 2階にあるフードコートには、寿司とか釜飯とかそば、ラーメンの専門店が入ってて。ぼくがよく食べるのがお寿司やさんの海鮮丼。築地とか北海道で頼んだら倍以上しそうなネタの量で、こんなにのっかっててなんと1000円から。握り寿司なんかもものすごーくお得！（13貫で1200円）最初に行ったのは2014年3月だったかな。それ以来四倉に行くときは必ず寄ってますね」

また1階には、いわき市の新鮮な農水産物を取り扱った直売所もあり、こちらももちろんお安い！

「いわき産、県内産の米や野菜が並んで。東京から車で行ったときは、調子に乗ってえらい買っちゃって（笑）。いろんな人に配りました」

美味しいものを買うのもいいが、道の駅の海側の方は震災の被害が激しかったところ。現在整備中だが、きれいになる前に見てほしい。

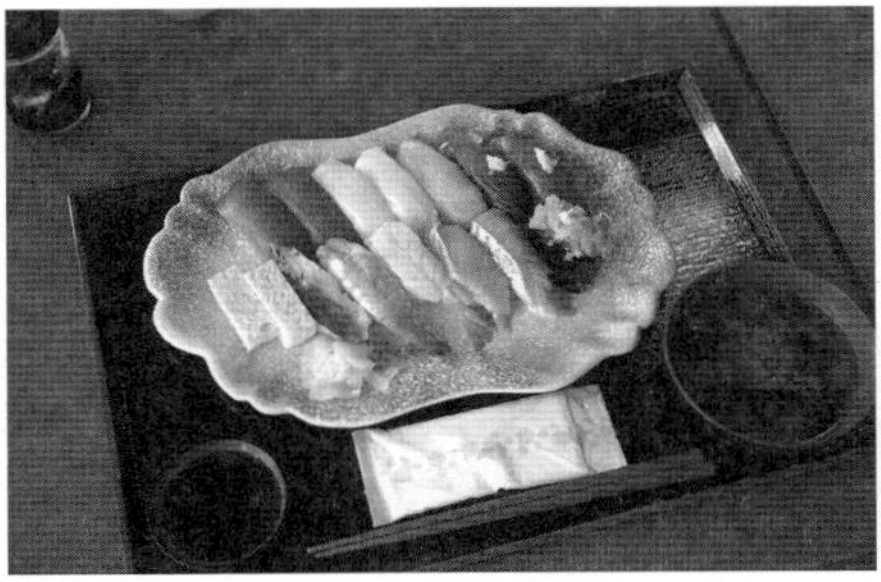

「寿司処和」さんの「大漁！にぎり寿司」。13貫で1200円！「ていうか1貫100円切ってますからね。しかも卵焼き付き。めちゃくちゃ安い！」

「こちらは一番人気の海鮮丼『海鮮ちらし寿司』(1000円)。特選ちらしでも1800円。フライの定食なんかもあって、腹一杯になれます」

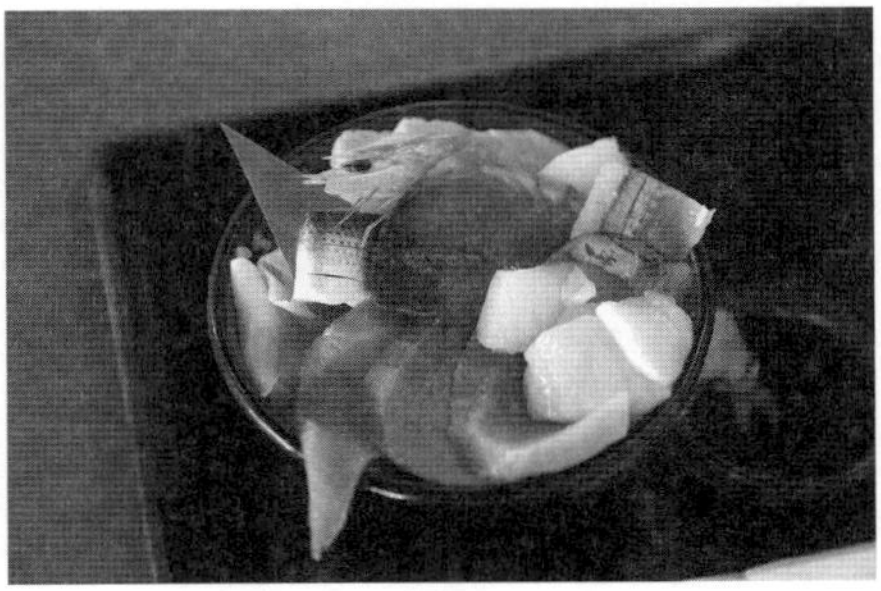

海鮮ちらし寿司にがっつく竹山。外には太平洋を望むテラス席もある。「冬は寒いですが、夏場には気持ちがいい。車でなければビールでも！」

海鮮好きにはたまらないちらし寿司！

\ ひばりさんとともに震災を想う /

美空ひばり歌碑

昭和の歌姫、故・美空ひばりが
大病後に発表した名曲「みだれ髪」。
歌の舞台が塩屋岬であるため、
そこに建つ灯台のふもとに
永遠のひばりの像と
歌碑、遺影碑が建てられた

DATA

住福島県いわき市平薄磯字宿崎34営常時休年中無休電0246-39-3924（塩屋崎灯台事務所）

塩屋埼灯台（Ｐ69）を見上げる薄磯海岸、塩屋岬に建てられた昭和の大スター、故・美空ひばりの歌碑。東日本大震災による灯台の災害復旧工事が完了した２０１２年２月に再オープンした。

「駐車場のところに売店があるんですけど、お店のおばちゃんが言うには岬は津波の被害から免れたものの、岬の両側の海岸沿いは大きな被害があって、２７０軒の家屋が流され、１２５名が亡くなったそうで。そんななか、このひばりさんの像は免れたと。見ればわかりますが、その距離はほんの数十メートル。岬の形状やらなんやらほんのちょっとの差なんでしょうが、そういうエピソードを聞くたびに複雑な気持ちになりますね」

歌碑の前に立つとセンサーが反応して塩屋岬をモチーフにした歌詞の唄「みだれ髪」が流れ、その前にはファンからの献花が寄せられている。

「ひばりさんに興味のない若い人も、この海岸線はかつてもっときれいだったんだろうな。周りもにぎやかだったんだろうな。そんなことを感じてほしいですね。また、どれくらいの高さまで津波がきたのか。近くの山肌はまだその爪痕を残してますから。実際に自分の目で確かめてみてください」

ひばりの魂が込められた「みだれ髪」。その思いと昭和の歌姫の生涯を振り返る。「いわき駅前に戻ったらスナックで歌うのもいいかも知れない」

まずは売店のおばちゃんの話しを聞け！

「『みだれ髪』の歌詞が書かれたころの海岸線はもっときれいだったんだろうな。どんな風景だったんだろうと思いますね」

column

福島のオンナ

福島の人ってあったかくて優しい。
女の人は陰で男を支えるしっかり者な印象。
そう語る竹山が見た、夜のオンナ。実話です。

嬢を呼ぶ金欲しさに土下座。

福島の女性、夜のオンナの人は…これはヒグチ（髭男爵のひぐち君）と、サツキってコンビのノリヤ（門脇のりや）ってヤツでいわきに行ったときの話なんですけど、このノリヤが恐ろしい目に遭ったんですよ。なんというのかな？　現代の怪談のような（笑）。

夜飲んでたら、ノリヤが「どうしても女の子を部屋に呼びたい」と。まー要はデリヘルです。でも、ぼくとヒグチは前にいわきに来たときに遊んだから「都会と違ってイマイチだった」って。「ヒグチなんて写真と全然違うのが来たんだから！」って言ったんですね。「悪いことは言わないからやめとけ」って忠告して。

それでもノリヤはスマホの風俗情報を見せて「こんなカワイイ子が！　アスカちゃんって言うんですけど」って引き下がらない。しかも「呼びたいけど金がないんです！」って言う。「なんで旅費も宿代も払って、お前の下の金まで出すんだ」って言いながらも、あまりに必死なもんだから、結局ぼくとヒグチで出しました、ヤツのデリヘル代を。

次の朝。仕事があるから早めに出なきゃいけなくて、ヒグチとは6時半に待ち合わせたんですね。どうせノリヤは寝坊するから置いていこうって。するとノリヤがすでに朝飯を食ってるんですよ、真っ青な顔で。

聞けば「最悪でした…」と。嬢を呼んで「来た来た！」ってウキウキしながら出迎えたら、おばあちゃんが立ってたと。そこで気づきますよね？　普通（笑）。

でもノリヤはバカだから「仲介の人かな？」と思ったらし

女欲しさに大の大人がマジ土下座。ノリヤは地獄ナガセは天国に

二度の失敗になぜか逆ギレ…。

く。「あ、ここで払うんや。で、アスカちゃんは？」って聞いたら…目の前のおばあちゃんが「アスカですぅ〜」って。「急に老けまして〜」って答えたっていう（笑）。思わず笑って帰したって話なんですが、2000円かな？　キャンセル料はちゃっかり取られたみたい。

で、また次の福島の旅。こんどは閃光花火のナガセ（長瀬朋彦）ってヤツがどうしても風俗に行きたいと。ノリヤの件も知ってるのに土下座までするからカンパしたんです。

まだ明るいうちに。そうしたら「写真と同じカワイイ子がお相手してくれました〜！」ってニコニコしながら戻って来た。

そうなったらヒグチがそわそわし始めるわけですよ。結局「俺も呼びます」って。嬢を呼んだのはいいんですけど、またもやあの…！（笑）。それで「てめえ〜、この野郎！」って、なぜかナガセに逆ギレするという（笑）。

そのあと、みんなでこの一件を話し合いまして。地方は昼間の方がカワイイんじゃないか。たぶん若い主婦の人とかが働いているんじゃないかって結論に。

というわけで、みなさん。福島にいらっしゃって遊ぶときにはぜひ昼間に！　責任は負いかねますが、参考にしてください（笑）。

待って、おばあちゃん呼んだの誰よ？

第5章

原発ってぶっちゃけ、今どうなってるの？

実際に行くと印象がガラリ！防護服も全面マスクも必要なしヘルメットをかぶるだけ!!

行って参りました、東京電力福島第一原子力発電所。廃炉作業が続く通称「イチエフ」。ここに最初に入ってから、おおよそ3年ぶり。あれから廃炉作業はどれくらい進んだのか。自分の目で確かめたいと思いました。

東日本大震災の直後から仕事やプライベートで福島を訪れるなかで知り合った人たちがたくさんいます。みんな元気に前を向いてました。でも、ん…？ ぼくが知る現状とメディア…とりわけ中央のメディアが報道するイメージが全然違うぞ!?

当時イチエフへ行こうと思い立ったのは、そんな理由からでした。

自分の目で見て、いろんな方に話を聞いて、体感してみないと本当のことはわからない。何度も通い、知り合いも増え、福島の現状がだんだんわかるようになるにつれ、

東京電力廃炉資料館。2018年11月、避難指示区域だった富岡町にオープン。「福島原発事故」と「廃炉」に関する展示に見入る竹山。

バスに乗り、資料館から国道6号を10分ほど北上すると、帰還困難区域に。震災の爪痕が残る車窓を無言で眺める。

廃炉資料館は常磐線富岡駅から徒歩15分。タクシーで5分。常磐自動車道広野ICより約20分、富岡ICより約15分／福島県双葉郡富岡町大字小浜字中央378

いろいろ言われてる福島第一原発がどうなっているか知りたいと思ったんです。

そこで、震災直後にお世話になった元ラジオ福島の大和田新さんに東電との間を取り持っていただいて、実現の運びとなったのが2016年5月のこと。

同行者は、事務所の後輩で、福岡の中学の2年後輩にあたる「髭男爵」のひぐち君。聞けば、芸人がプライベートで事故後のイチエフを見学するは初めてだそうで（著名人では、杉良太郎さんや中田英寿さんらが見学を）。これまで1等賞とかもらったことがなかったんで、ちょっとうれしかったことを覚えてます。

実際に行ってみると、印象がガラリと変わりましたよ。まさに180度。場所にもよりますが、まず防護服も全面マスクも必要ない。あとはポケット線量計は持って、ヘルメットをかぶり。普段着の上に立ち入り証を入れるベストを着るだけ。以上！

作業員の方でも、防塵マスクに普通の作業服のみ。線量計のアラームが鳴り響き、決死の覚悟で作業する完全防護の人たち…そんな多くの人が思い浮かべるだろう事故直後の光景は、もうどこにもありませんでした。

聞けば、除染と自然減の結果だそうです。線量を下げるために土の地面や傾斜地をコンクリートやモルタルで覆ったり、周囲の木を切ったりしたんだとか。

国道6号線。8年前から時間が止まったままのエリアには崩れ落ちた店舗が。朽ち果てた住宅は、すべてバリケードで封鎖されていた。

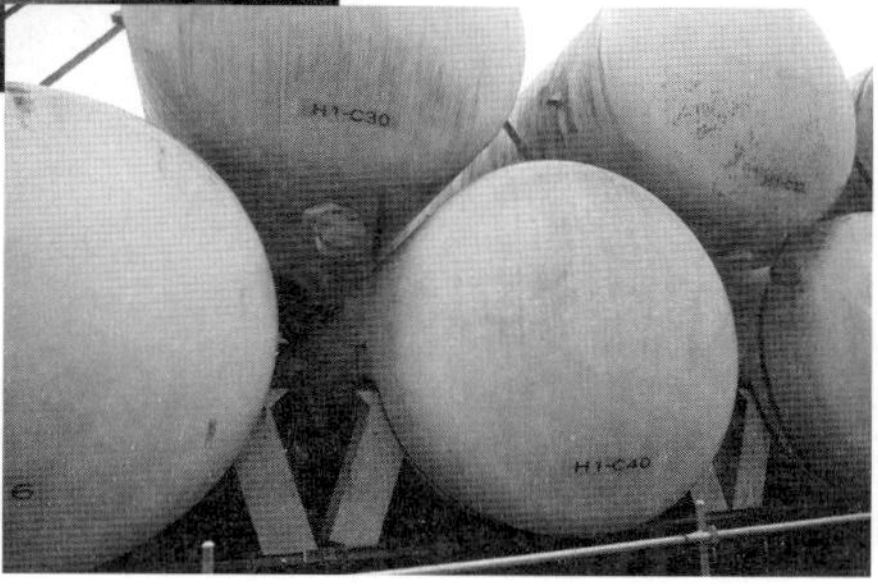

東電福島第一原発。マイクロバスの車窓には無数の横置きタンク。なかには汚染水から放射性物質を除去した水が貯められていた。

事故発生後しばらくは防護服やマスクが必要とされていたが、現在は構内の96%のエリアが作業着と簡易マスクで作業できる状態に。

女の人も若いあんちゃんも！笑いも活気もあるし、労働環境はいいぞ‼

また、思った以上に大勢の方が働いていて。当時は多くの企業から派遣された、いろいろな分野の技術者や作業員の方が1日当たり6千〜7千人も働いてました。

あと女性の方も結構いましたね。やんちゃっぽい地元の兄ちゃんもいるし、おじさんもいるし、笑いも活気もあって。会えばみなさん明るくあいさつしてくれて。敷地内には自販機はもちろんコンビニ。定食、カレー、麺類、丼ものが一律380円で食べられる大食堂もありました。ある作業員の方は「温かいご飯や汁物が取れるようになって、やる気も作業効率も上がった」と言ってました。

まずは働きやすい環境を。東電が目指した労働環境改善の一つ。もちろんすべてではありませんが、ごく普通の工事現場という印象でしたね。

原発ってぶっちゃけ、今どうなってるの？

後ろに見えるのは2号機と3号機。写真後方の3号機では、建屋の屋上にドーム状の屋根を設置するのに使用した巨大なクレーンが。

原子炉建屋付近に向かうにあたり身の安全のため、マスク、ゴーグル、ヘルメットなどの装備を装着。説明に耳を傾ける竹山。

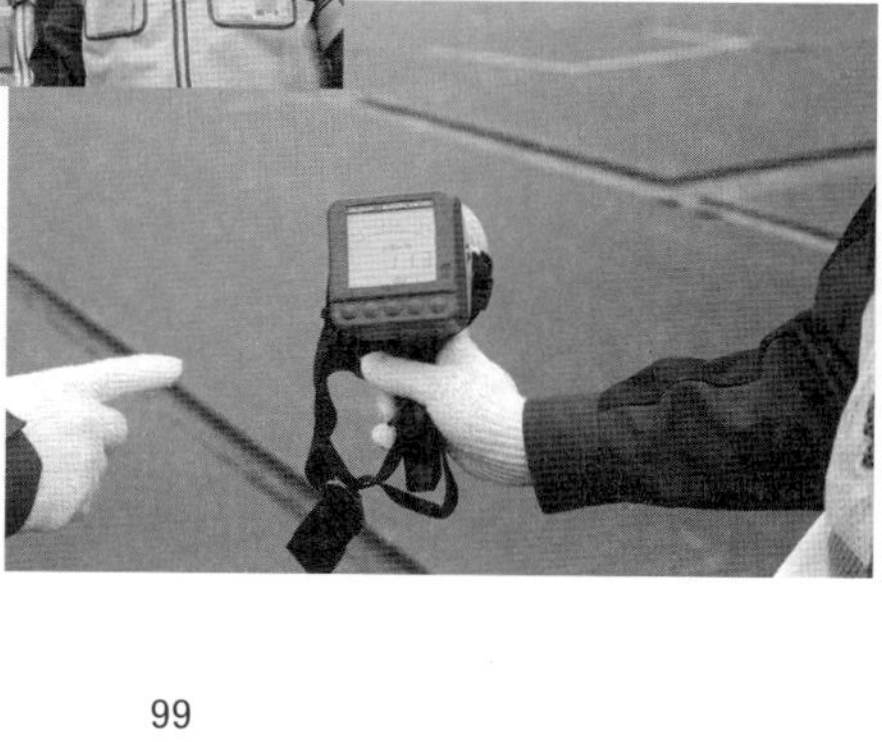

建屋に近づくと放射線量がはね上がるが、今回の2時間ほどの視察では0.02ミリシーベルト（歯のレントゲンを2回撮影したのと同等）ほどの被ばく量だった。

普通の工事現場と変わらない！
3年前に来たときよりも
作業の進展がうかがえた!!

今回の見学では、より一層作業が進んでいた印象です。内部で核燃料が溶け落ちた1～3号機の、原子炉建屋周辺の放射線量がまだまだ高いですが、作業員の方もずいぶん減ってましたし。廃炉に向けて少しずつ前進していることがうかがえました。汚染水を保管するタンク群の間を抜け、1～4号機を見わたせる高台でバスを降り、再びバスで4号機へ…東電ホームページ内の「ＩＮＳＩＤＥ　Ｆｕｋｕｓｈｉｍａ　Ｄａｉｉｃｈｉ」には、「廃炉をめぐるバーチャルツアー」という、今回の見学コースを疑似体感できる動画も公開されています（http://www.tepco.co.jp/）。いままで「知らない」で通り過ぎてた人も、見学ツアーに行かれないという人も。これを見れば廃炉作業の現場の現状が少しはわかってもらえるんじゃないかな。

新福島変電所も視察。震災前までは近くにある福島第一、第二の原発で発電された電気を関東方面へ送電するための拠点だったそう。

震災前は50万ボルトの超高電圧で大電力を首都圏へ向け送電していたというだけあって、堂々たる佇まい。その大きさに竹山も圧倒される。

Jヴィレッジ再始動！まだまだ風評はあるけど、アイデアで乗り越えろ!!

福島に来るたびに復興の進み具合が見えるんですけど、次に訪ねた「Jヴィレッジ」（ナショナルトレーニングセンター）も元どおり、いやそれ以上に復旧してましたね。

2018年の7月にホテルや全天候型練習場を新たに加えて再始動。震災時には原発事故の中継基地としてヘリポートや駐車場が緑のグランドに作られ、スタジアムのフィールドには東電社員のプレハブ寮も建てられていたなんて想像もつかない。

とはいえ、言ってもイチエフはすぐそばですから、風評を払拭するのは難しいようで。2020年東京オリンピックまでには何とかならんかなと。

全天候型練習場なんてものすごい立派な施設だし、夏場に音楽のフェスやるとかね。そこで福島の正しい情報も発信する。どうでしょう？　このアイデア。

1997年に東電がサッカーのナショナルトレーニングセンターとして整備し、県へ寄贈したＪヴィレッジを視察／福島県双葉郡楢葉町山田岡美シ森8

上記写真の小野俊介専務の案内で公式サイズのピッチを収容する全天候型練習場を見学。「ここヤバイな～」とテンションがあがり思わずリフティングを。

［特別×対談］

東京電力福島視察後 対談

帰京後は東京電力本社へ。
２０１１年12月より
福島第一原子力発電所長を務めた
小野明さんに話を聞いた。

竹山　福島第一原発にお邪魔して懸命に作業されてるみなさんを見て改めて思ったんですが、あれだけ放射線量を落として、ちゃんと作業をやれてるっていうのはすごい技術だなと。

小野　竹山さんが最初にイチエフにいらっしゃっ

た以前から、放射線量を下げ、少しでも労働環境をよくすることが我々の大きな目標の一つでした。防護服と全面マスクでは息苦しく暑いため、夏場を中心に作業効率が下がり、熱中症も多発したからです。それでフェイシングと言ってコンクリートやモルタルで地面を覆って。当初は「できるわけがない」という消極的な声もありました。そもそもフェイシングは、地面に染み込んだ雨水が汚染水になることを減らすための試みでしたが、難しいだろうと。

竹山 それは敷地が広すぎるからですか？

小野 広いのもありますし。震災前は敷地内が緑で覆われていたんですけど、それを全部切る必要もあったからです。ほかにも技術的なところとか。それでも各方面が知恵を出し合ってくれて。結果ダストの舞い上がりもなくなり、作業効率もよくなった。

竹山 じゃあ、普段着のままで入れるようになるなんて想像してなかったと？

小野 「何を夢みたいなことを」と言われていましたからね。しかしハードの面とソフトの面が上手く融合できた。フェイシングをはじめ土木チームによって改善された環境を、こんどは放射線管理をやってるチームが工夫してくれたおかげです。

竹山 この先デブリ（核燃料）を取り出す技術とか、人類がいまだかつてやっていないことをやると思うんですよね。そのあたりはいかがなんですか？

小野　これまでの経験を応用すれば使える技術はいくつかあります。当然開発しなければいけない技術もあって。建屋の中はまだまだ放射線量が高くて、ぱっと人が入って対応できるような現場じゃありません。遠隔操作のロボット技術の必要性がより増してくるでしょうね。

竹山　ロボット技術の進歩が目覚ましいですが、やはり放射線ですぐ壊れるんですか？

小野　壊れるのはカメラなんです。ですからカメラの開発がひとつの大きな目標で。そういう意味で次の段階は、いろんな分野で世界の英知を結集する必要があるだろうなと。

竹山　マイナス面ばかりが報道され、そうした技術の進歩にはスポットが当たらない。

小野　目に見える効果を目指して、凍土壁の内側と外側に井戸を掘ったところ、水位

「もうちょっと一般の見学者を受け入れられないものか？」。竹山の質問が飛ぶ。

差がついていることがわかったりするんですけど、やはり竹山さんのように足を運んでくださることが一番。映像などで１００説明するよりその目で１回見る方が伝わる。

竹山　とはいえ、ぼくのように一般の方も視察できるようにはなってはきましたが、誰でもかれでもというわけではないですよね。写真とかの規制もあるんじゃないですか。

小野　我々も多くの人に見ていただきたいと模索していますが、セキュリティの面など難しいところも多々。ただ２０１８年度末で１万６～７千人の方が見に来られていて。あとはみなさんが何を知りたくて、何が心配なのか。一方的な情報ではなく、上手くコミュニケーションを図ったうえで提示していきたいと。

竹山　ルール上、絶対見せられない場所もあって。でも、知らない人は必ず「何か隠してる」と言う。誤解を解くのが厄介だろうなと。

東電福島第一原発の元所長、小林さんは「2019年は見学者の通算2万人を目指す」と語る

小野　そこも努力していかなきゃいけない。

竹山　イチエフに続く国道6号線にしても作業されている方はたくさんいらっしゃるわけで。「来い来い」言うものの、やはりうろちょろされるのも迷惑なんでしょうかね。

小野　そこへんも上手くバランスをとったうえで気軽に来られるようにしていきたいです。

竹山　最後、これも誤解を受けると何なんですが、いろいろ見聞きさせてもらって思ったのが変な話、日本じゃなきゃ東電じゃなきゃもっととんでもないことになってたぞ、と。

小野　コンクリートで封じ込めるのではなく廃炉にする。かつてどの国もやってないことなんですね。汚染水の処理ひとつとっても氷の壁を大々的に作ることにしても。でも我々が事故を起こしたのは事実ですから。いろんな声を真摯に受け止めて、これからもまい進していきたいです。

「見学ツアーをやるとか何かしらの見学施設を作るとか」と竹山はアイデアを提案。

第6章

カンニング竹山と行く!
福島社会科見学

※各店の情報は編集部調べ。
自分でもネットなどで調べてから行ってね!

Vol.2

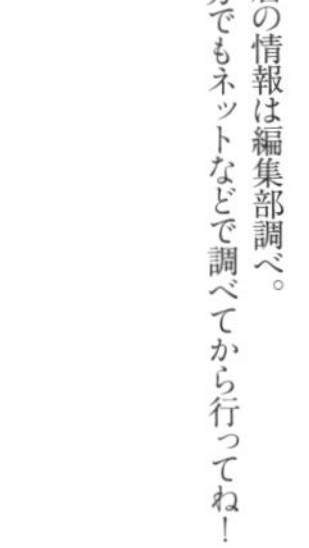

＼いまやエンターテインメント施設！／

JRA 福島競馬場

2018年に開設100周年を迎えた
東北で唯一のJRAの競馬場
ご当地&競馬場定番グルメ、
アスレチック施設も充実！
カップルから家族連れと
幅広い層が楽しめる

DATA

住 福島市桜木町17-55 営 場外開催中の9:00～17:00※原則として競馬開催時 休 要確認 電 024-534-2121

1918年に福島競馬場が開設されてから101年目を迎えた、東北で唯一のJRA（日本中央競馬会）の競馬場で、春（4月）、夏（6、7月）、秋（11月）と年間で3回開催。7月に行われる伝統の「七夕賞」のほか「福島牝馬ステークス」や「ラジオNIKKEI賞」「福島記念」（すべてGⅢ）など、毎回個性豊かな熱いレースが展開されている。

「この本の取材旅行のタイミングでたまたまやってたんですけど、開催していれば行った方がいいと思います。福島駅から近いし。着いたら着いたで、建物はガラス張りできれいだし。何より解放感があって気持ちいい！ 競馬場ってなんか敷居が高そうで…という人も、旅行にかこつけて行ってみては？」

また、喜多方ラーメンに名物のもつ煮、地ビールなどグルメも。アスレチック施設などの遊具類も充実。子どもたちにとっては広大な遊園地でもある。

「パドックなんかも、お子さんはうれしいんじゃないかな? 間近で生の競走馬を見る機会なんてなかなかないだろうし。お母さんはイケメンの騎手をチェックして（笑）。これでお父さんが馬券当てたら最高。帰りに旨いものでも食ってください！」

カンニング竹山と行く！

福島社会科見学 vol.2

福島駅からバスで15分ほど。乗車賃は230円。競馬場内は1階にパドックとフードコート、2階がメインの発券・払戻し場で、スタンドにも降りられる。

この解放感がたまらなく気持ちいい！

「馬券の買い方？ 最初は誕生日でも自分のラッキーナンバーでも馬の名前がかわいい！ でも何でもいいと思いますよ。当たりゃいいんだから！（笑）」

「福島競馬場は右回りの小回りコースだから…」。昔から大の競馬ファン。久々の予想に取材を忘れて真剣な表情を。さて、その結果は…!?

＼ぶらり旅の真髄がここにある!!／

UFOふれあい館

竹山が大絶賛！
しょーもないけど楽しくて
地元住民にも愛される
バブルの遺産として悪名高い
「ふるさと創生資金」の
貴重な成功例のひとつ!!

DATA

住福島県福島市飯野町青木小手神森1-299営9:00～17:00休毎週月曜日※ただし祝日の場合はその翌日。12月29日～翌年1月3日電024-562-2002

ＵＦＯ情報の展示館および多目的施設として、１９９２年11月にオープン。ここ福島市飯野町地区は古来から発光物体の目撃例が多く、ＵＦＯの秘密基地があると噂されてきた。

「ここはね、ぜひ行ってほしいです！　ぼくがやってる『竹山日帰りぶらり旅』の真髄が詰まってると言ってもいいくらい最高におもしろいから。展示物がホントしょーもなくて…この本でも繰り返し言って申し訳ないんですが（笑）、そのしょーもないもんを笑って楽しむ。〝楽しみ方を自分たちで見つけよう〟という」

外観は文字どおり山腹に着陸した巨大ＵＦＯをイメージした正八角形のフォルムを持ち、入館する前からざわざわと胸騒ぎを覚える。

「さらに〝なぜここでＵＦＯ？〟という。ぼくのもうひとつの旅の楽しみも併せ持つ最高最強の施設（笑）」

お察しの通り、日本全国に数々の珍スポットを生み出した竹下内閣の「ふるさと創生資金」１億円をもとに作られたことも竹山のハートをくすぐった。

「もちろん旅を始めるきっかけは震災なんだけど、いまも続いてるのはここに出会ったからと言っても過言ではない。それくらいの、お気に入りです！」

「そこにあればやる」。竹山のモットーを実践。「恥ずかしがっちゃダメなんですよ。近所だったらともかく、旅なんだから！」

ここを訪問して俺の旅は始まった!!

館内2階には休憩所や「UFO電磁波のお風呂」も。「震災のとき地元の人はここで風呂に入って、とても助かったそうです」

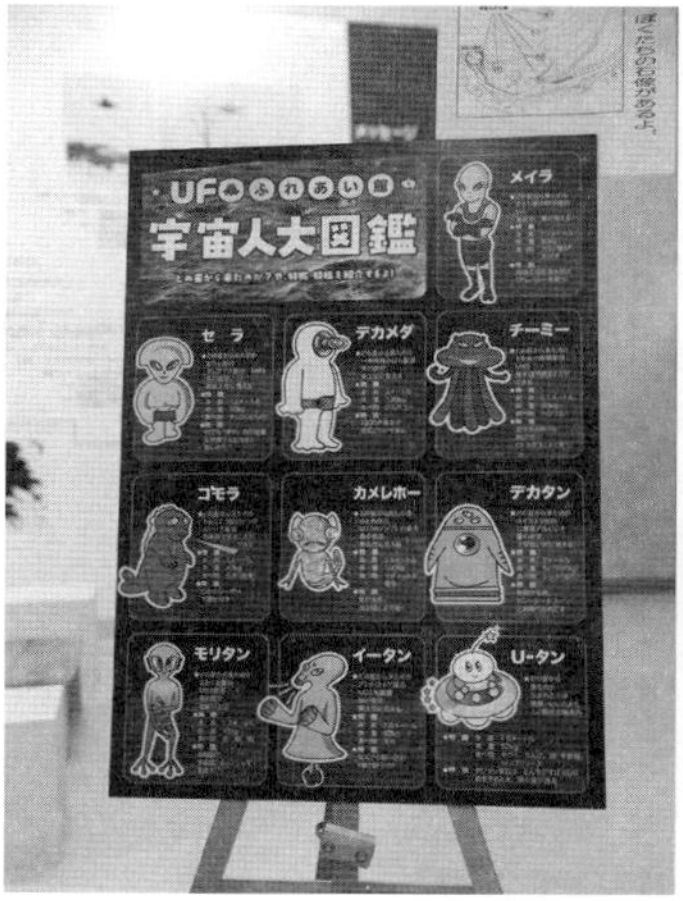

グレイタイプの宇宙人と。ほかイタリアで目撃されたヒューマノイドなど、さまざまな宇宙人の実物大モデルがずらり。

＼これを食うためだけに福島に行くことも！／

伊達屋

ここのラーメンを食べずして
福島のグルメは語れない
知名度は県内ナンバーワン
味もナンバーワン！
竹山のラーメンランキングでも
現在トップを独走中!!

DATA

住福島市南沢又字下番匠田22営11:00〜15:00／17:00〜20:00※スープがなくなり次第終了休毎週水曜日、第2・4木曜日電非公開

全国からラーメン好きが集まり、日によっては開店2時間前から列ができるほどの超名店！ 過去に大手グルメサイト「食べログ」のラーメンランキングで、全国3位に輝いたこともある。

「もれなくぼくも大ファンで、勝手ながら〝いま日本で一番旨いラーメン〟だと思ってますから、並んでも入りたい。どーしても食いたい店です」

創業は2001年。中華そば、みそとメニューは多いが断然人気は「塩ラーメン」（750円）。

「また人柄のいい〜ご夫婦がたった2人でやられているんですよ。頑固おやじでも意識高い兄ちゃんでもなく、ただ黙々と働かれてる。お客さんもとてもいい感じ。この店の雰囲気も大好きですね」

あっさりとしながらも天日塩や伊達鶏などの旨みを前面に出したスープと自家製の細麺がなんとも言えない深い味わいを醸し出している。

「本当に行って食べてほしい。好きすぎるあまりあちこちで言ってますが、『伊達屋』さんの塩ラーメンを食うためだけに新幹線に乗って行く価値があります！〝〜あると思います〟とかに逃げない。〝あります！〟と断言する（笑）。それくらい旨いです」

自家製の細麺は非常になめらかで、透明に近くあっさりしてるが旨味の凝縮されたスープとよく合う。メニューは中華そば、塩ラーメン、赤みそラーメン、白みそラーメンなどがある。

俺のなかでいま一番旨いラーメンがこれ!!

「ぼくは塩ラーメンに煮たまご（100円）とライス（150円）を付けました。うーん、今日も抜群に旨いな！」

＼ワインエキスパートひぐち君お勧め！／

マリアージュ

五大陸19ヶ国150種類以上の
厳選したワインを揃える
福島屈指のワインバー
大人の雰囲気が漂う
落ち着いた空間で、
旅の思い出を語り合いたい

DATA

住 福島市置賜町1-29佐平ビルB1 営 19:00〜24:00 休 毎週火曜日※祝日前日は営業 電 024-522-4723

大人の雰囲気が漂う落ち着いた空間が居心地のいいワインバー。福島駅から徒歩1分という好立地にあり、暖色系の優しい光でライトアップされた店内にはリラックスムードが溢れる。

「ワインが好きなあまりワインエキスパートの資格を取った（髭男爵の）ひぐち君おすすめの店。店内が洗練されてるから、酔うと一瞬〝東京!?〟となって、思わず腰を浮かしちゃうこともあります（笑）」

店名になっている「マリアージュ」とは、フランス語で〝結婚〟を意味するが、ワイン用語では「ワインとチーズや料理の組み合わせによって、お互いに美味しさを高め合う」ことを指す。

「福島の駅前で飲んでたときに、ワインを飲みたいというひぐち君が見つけて来て。いまではひぐち君は福島の人たちとワインのイベントを開催したりしてる。まさに〝マリアージュ〟。ひぐち君も福岡の人間ですからね、不思議なご縁だなと思います」

グラスワインは、リーズナブルなワインから銘醸ワインまで、日替わりで12種類。ボトルワインはフランス産を中心に、五大陸19ヶ国１５０種類以上の厳選したワインがバリエーション豊かに揃う。

フランス産とイタリア産を中心に世界各国のチーズを十数種類。ほかにもスペイン産骨付き生ハムの切り出しなど、オードブルはどれもワインに合う。

見つけてきたひぐち君、サンキュー！

ライトアップされた大人な雰囲気の店内。カウンター7席とテーブル席が3卓で、着席は21名まで、立食は35名様まで対応している。

「ひぐち君は日本ワインにめちゃくちゃ詳しくて。もはやワインの人（笑）。福島の人とも仲よくなって、しょっちゅう呼ばれてるみたいです」

＼ 福島市で飲むならまずここへ行け！ ／

パイプのけむり

世界各国500種あまりの洋酒
300種のカクテルが揃う、
福島駅前の老舗バー
1杯ごとにドリンク料金を払う
キャッシュオンデリバリーで
初めて入った旅人にも優しい

DATA

住福島市置賜町4-2ニューズ置賜ビル3F営18:00～0:00※金曜日、土曜日、祝祭日連休前夜～翌1:00休日曜日※連休の場合、その最終日電024-523-4385

1979年にオープン。40年間にわたり福島で愛される老舗のバー。世界各国500余種の洋酒、300余種のカクテルが揃い、この店で酒を知り、いまは酒と語り合うという常連客も多い。福島の酒飲みは知らない者がいないほどの名店。

「福島で酒を飲むんだったら、まずここに行けと。旅行先の福島でいい飲み屋さんを探しているんなら、ここに来れば間違いないってお店ですかね」

バックバーに並ぶボトルには、その1本1本にショットの価格表示が。ワンショットずつ支払うキャッシュオンデリバリーで、アイリッシュパブのように粋に楽しむのが「パイプのけむり」流だ。

「値段も良心的で明朗会計。値段のっけてるバーってあんまないですけど、いくらなのか目で認識した上でお酒をオーダーできるのがうれしい。店内の雰囲気も気持ちよくて、平日なのに混んでました」

バーなのに店名には「西洋居酒屋」の文字が。客層も若く、わいわいと賑わっている。

「店内も明るく声をかけやすいので、一見（いちげん）でも入りやすい。福島駅から歩いてすぐなので、いらっしゃった際には寄ってみてください」

「地方にこういう老舗の店があって。続いてるってところがまずすごいの！」。使い込まれたカウンターで飲む酒は普段の三割増しで旨い！

いや〜今晩も
いい感じで
酔っぱらった！

チャージ（ポテトチップス、ポップコーン付）は600円。キャッシュオンデリバリーで1杯目にチャージ料がつくシステムだ。

バックバーには500種類のボトルがずらりと並ぶ。よーく目を凝らすと、ボトルに値段が。初めて訪れた人はここで確認してからオーダーしよう。

＼ 1回行けばみんな常連のファミリー感！ ／

あねさの小法師

「おかあさん」と呼ばれる
女将さんが一人で切り盛りする
福島の郷土料理と地酒の店。
いつも明るい店主の笑顔が
外からでも見えるため、
女性でも気軽に立ち寄れる

DATA

住福島県福島市置賜町8-6ふくしま屋台村営18:00〜翌2:00休不定休電090-5354-1280

旨い、安全、気軽、適価、ふれあい。屋台だからこそ生まれる店主と客のふれあいや、コミュニケーションを大切にする「ふくしま屋台村こらんしょ横丁」。福島駅から歩いて約10分。その一角に店を構える居酒屋が「あねさの小法師」。

「『ふくしま屋台村』にある9席しかない屋台なんだけど、雰囲気が最高！ みんなから『おかあさん』って呼ばれてる女将さんがやられてて、すごくあったかい」

屋台村の紹介には「おひとりさま、大歓迎!! おかあちゃんの手打ちそばと会津野菜、食べてって！ 福島の味!! 何があっても、さすけねぇさ!!」とあるとおり、家庭的な雰囲気と方言に心がなごむ。

「実家に帰って来たような感じ。屋台なのに常連さんばっかで入りづらい…とか、そういうこともなくて。みんな気さくに受け入れてくれる。1回行けば常連って感じのファミリー感がよかったですね」

女将さんが切り盛りするカウンターのみの小ぢんまりとした店内。福島の郷土料理や「おかあさん」の手料理を、地酒（750円〜）ともにいただく。

「わりと遅い時間までやってるし、料理の種類もたくさんあるんで、最後はここで〆たいかな」

常連も一見さんもみんな笑顔で語り合う。「とにかく、おかあさんがいい！ ここから何軒かで飲んで、また戻って来たくなる雰囲気があるな」

雰囲気最高！次に来たら〆に寄ろう

寒い日はおでんと熱燗でスタート。ほかにも名物の「馬刺し」（680円）や「円盤餃子」（600円）などが人気メニュー。

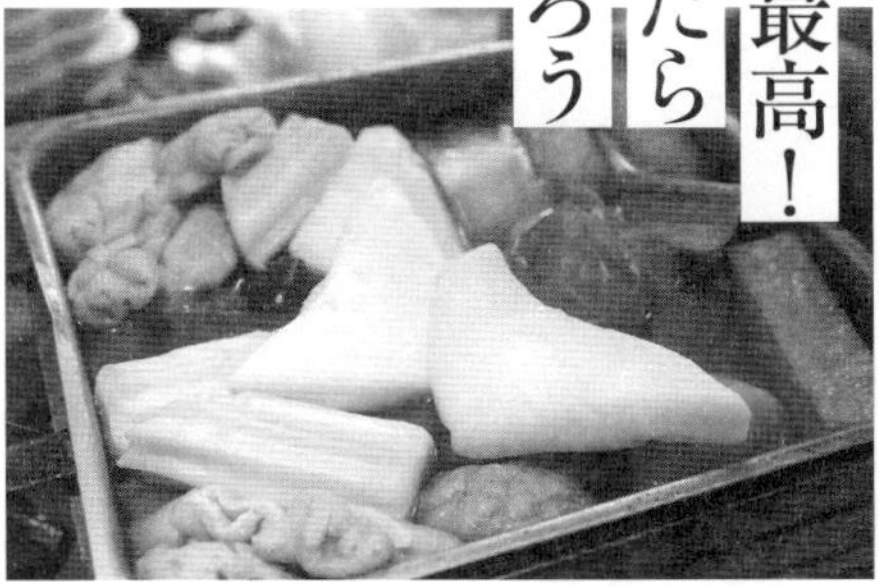

コの字型のカウンター席はお客さん同士の距離が近く、おかあさんを挟んで誰もが会話できる。「福島の人と話したり、知り合いになるにはぴったりの店じゃないでしょうか」

＼ 福島で露天風呂と言えばここで決まり ／

高湯温泉 安達屋旅館

奥州三高湯のひとつ
福島県の「吾妻高湯温泉」で
おおよそ400余年もの歴史を誇る
白濁の湯が自慢の宿。
高濃度の硫黄泉かけ流し湯が
楽しめることで知られている

DATA

住福島県福島市町庭坂字高湯21 営10:00〜13:00 ※立ち寄り入浴（受付13:00まで） 休無休※立ち寄り入浴は火曜日、金曜日定休 電024-591-1155

福島市街地から車で30分ほど。吾妻山を進んだ先にあるのが「高湯温泉」。なかでも、開放感たっぷりの露天風呂が人気の「安達屋旅館」は、風呂好きの竹山のお気に入りで、これまでも何度か「この風呂に入るため」に立ち寄っているほど。

「今回もいいお湯でしたね〜。安達屋さんといえば露天風呂。露天風呂といえば安達屋さん。ぼくのなかではそんな感じなんで、露天風呂に入りたくなったら、まずここに来ます。まず湯船が広いし、開放感があるから気持ちいい。そこから眺める景色が最高なんです！ この前は1月に行ったんですが、雪景色のなか入る風呂はなんともいい気分で、仕事の疲れが吹っ飛びました。貸切風呂も広くて素晴らしいですね」

高湯温泉は、硫黄などをたっぷり含んだ源泉で、効能も多彩。湯治という形で、江戸時代から栄えてきた。にごり酒のような湯の色は、薄くブルーがかった白。山に囲まれたロケーションと相まって、何とも言えない神秘的な表情を浮かべる。

「泊まると囲炉裏で飯が食えるんです。ひとっ風呂浴びて、炭火を囲みながら食べる岩魚や地鶏、山の幸を食べるなんて最高の贅沢じゃないですか！」

木造建築で和風の「安達屋旅館」だが、館内ではジャズのミュージックが流れ、センスのいいアンティーク家具や食器などが並べられている。

夕食は食事処“囲炉裏端”にて、炭火を囲みながら。竹串で刺した新鮮な食材を炭火でじっくり焼くため美味しくいただける。

写真ではわからないが湯船は広く、端と端では顔が見えないほど。お湯は無味無臭。ぬるめのため長時間浸かっていられる。立ち寄り浴料750円。

あー気持ちいい
ここの露天風呂は
最高ですな！

＼温泉全体をひっくるめた風情が素晴らしい！／

高湯温泉 旅館玉子湯

明治元年から続く
名物の「萱ぶきの湯小屋」や
乳白色に変化する露天風呂など、
野趣あふれる風呂が人気！
昔の湯治場の風情が残る、
高湯温泉の一度は泊まりたい宿

DATA

住福島県福島市町庭坂高湯7営10:30～15:00※日帰り入浴（受付は14:00まで）休冬期は月曜日、金曜日ほか水曜日電024-591-1171

奥州三高湯に数えられる名湯「高湯温泉」で、一度は訪れたいと全国から温泉ファンがやってくる「高湯温泉 旅館玉子湯」。そんな旅館玉子湯の自慢は400年間絶えることのない源泉掛け流し100%の湯！ 開湯は江戸時代初期と伝わるが、明治時代になってここに湯小屋が建てられて以降、多くの人々が湯治に訪れるようになったそうだ。

「こちらも露天風呂が素晴らしい！ 泉の数も多いですし、歴史を感じます。（明治元年から続く！）萱ぶきの湯小屋なんか趣ありますよ。まるで違う時代に迷い込んだような気分になる。ここはそういう温泉全体をひっくるめた風情がいいです！」

庭園内にある萱ぶきの湯小屋や足湯をはじめ、風呂の数は7種類と豊富。それぞれに趣ある天授霊泉の名湯と山々の自然は心に安らぎを与える。

「取材の日は暖かかったですが、雪でも降ってれば最高の〝画〟が撮れたでしょうね」

ちなみに卵のようにつるつるの肌になることから「玉子温泉」と名付けられた。

「お肌つるっつるになります。全室が自然庭園に面した客室があるそうで、ぜひ泊まりで来てみたいです」

福島社会科見学 vol.2

150余年の歴史を誇る萱ぶきの湯小屋。男女別にわかれ、それぞれ脱衣所と浴槽が。かつての湯治場の雰囲気を今もなお語り継いでいる。

野天岩風呂「天翔の湯」。解放された空間を満喫！「このロケーションが何ともいい感じじゃないですか？“旅に来た！”って気がします」。

「むきたてのゆで卵のようにお肌つるっつるになりますよ！おっさんなんで誰も振り返っちゃくれませんが！（笑）」。日帰り浴料700円。

＼餃子とおしんこさえあれば何もいらない！／

元祖円盤餃子 満腹

満州で暮らしていたときに
鍋貼り餃子と出会った創業者が
「元祖円盤餃子 満腹」を開店。
いまでは福島の新名物となり
第三の"餃子の街"として
盛り上がりをみせている

DATA

住 福島県福島市仲間町1-24 営 月曜日、木曜日、金曜日16:30〜 ※餃子がなくなり次第終了 土曜日11:40〜※餃子がなくなり次第終了 休 火曜日、水曜日 電 024-521-3787

「餃子」といえば宇都宮が思い浮かぶが、実は福島も浜松と並ぶ餃子の街。その〝福島餃子〟の代名詞とも言えるのが、餃子を円盤状に焼き上げる「円盤餃子」。白菜がベースに野菜がたっぷり詰まったヘルシーな餃子が円盤餃子の特徴だ。

「これ、まだあんま知られてないと思うんですけど、福島ってホント、餃子のお店が多いんですよ。何食うか困ったらラーメンか餃子食っときゃ間違いない。激戦区なだけに、どこもレベルが高いですから」

そうしたなか、「円盤餃子」発祥の店と言われ、1953年の創業から65年間愛される店が「満腹」。

「何軒か人気店があるなかで、もっとも有名と言われる店のひとつです。福島駅からは歩いても15分くらい。味はもう、語る必要ないくらい旨いです。皮がもちもちってして、野菜や肉のうまみがふわっと口のなかに広がる。30個、ぺろりといけますね」

専門店なだけに、基本的なメニューは「円盤餃子」（30個入り、1620円）と「水餃子」（7個入り、410円）のみ。ライスも置いていない。

「おしんこがあるんですが、これも旨くて。餃子×おしんこって食べ方をここで覚えました」

「円盤餃子」。一皿30個入りだが女性でもぺろりと平らげる。具は白菜がベース。ほか肉やニラやネギなど。シンプルだからこそ旨い。

こちらは「水餃子」。餃子の皮は甘みとコシを出すために、2種類の小麦粉と2種類の水（硬水と軟水）を混ぜ合わせてもちもち感をだす。

竹山お気に入りのおしんこは「お新香大（648円）／小324円。「何気に食べてほしいですね。なんかちょうどいい組み合わせで旨かったんで」

福島の餃子はどこ行ってもレベルが高い！

\ この高いレベルの焼き鳥をこの値段で!? /

やきとり 土竜

炭火で炙った会津地鶏と
地酒を愉しむ「大人の焼鳥店」。
通常の倍の飼育日数をかけ
筋肉が発達した上質な鶏肉を
高知産の備長炭で焼き上げるのは、
職人たちの熟練の技があってこそ

DATA

住 福島県福島市万世町5-5 相良ビル2F 営 月曜日～土曜日17:30～23:00※（L.O.22:00）休 日曜日、第1月曜日、第3月曜日※不定休日もあり 電 050-3468-4031

福島の希少種である「会津地鶏」を地酒と楽しむ大人の焼き鳥店。通常の倍の飼育日数をかけ筋肉が発達した上質な鶏肉を店でさばき、毎日仕込む手打ちの串を火力の強い高知産の備長炭で焼き上げることで、歯ごたえ良くジューシーに仕上げる。

「この本の取材でスタッフさんたちと初めてお邪魔したんですけど、〝こんなに高いレベルの焼き鳥が、この値段で食べられるのか！〟っていう。さすがは福島です。魚に野菜、米に果物、地鶏も旨い！」

定番の焼き鳥はもちろん、毎日丁寧に仕込む鶏のひき肉を串にさした、会津地鶏卵使用の「月見つくね」（300円）が人気。同じく会津地鶏の希少な卵を使った「卵焼き」（並680円）も絶品！

「卵も旨かったですね～。しかも安い！　東京だったらどれくらい取られるんだろうって思った」

また「大人の焼き鳥店」と言うだけに、落ち着いたトーンの店内も居心地がよかった。

「たまたま隣にいた幼稚園のパパ友さんたちと話をして。何でもソフトボール大会があって、今日初めて顔を合わせたとかで。お洒落なお店なんだけど、すぐに話が弾む。そういうところもいいな～と思いますね、福島は」

希少な会津地鶏の卵を使用したこの店自慢の「卵焼き」（2人前950円、4人前 1850円）。注文を受けてから焼き上げるからあつあつで旨い！

めちゃ旨い！
しかも安い!!
さすがは福島

会津地鶏を一羽買いし店でおろすことで新鮮な肉のまま食べられる。肉の旨味と甘さ、歯ごたえを一番引き出すのがシンプルな炭火焼だ。

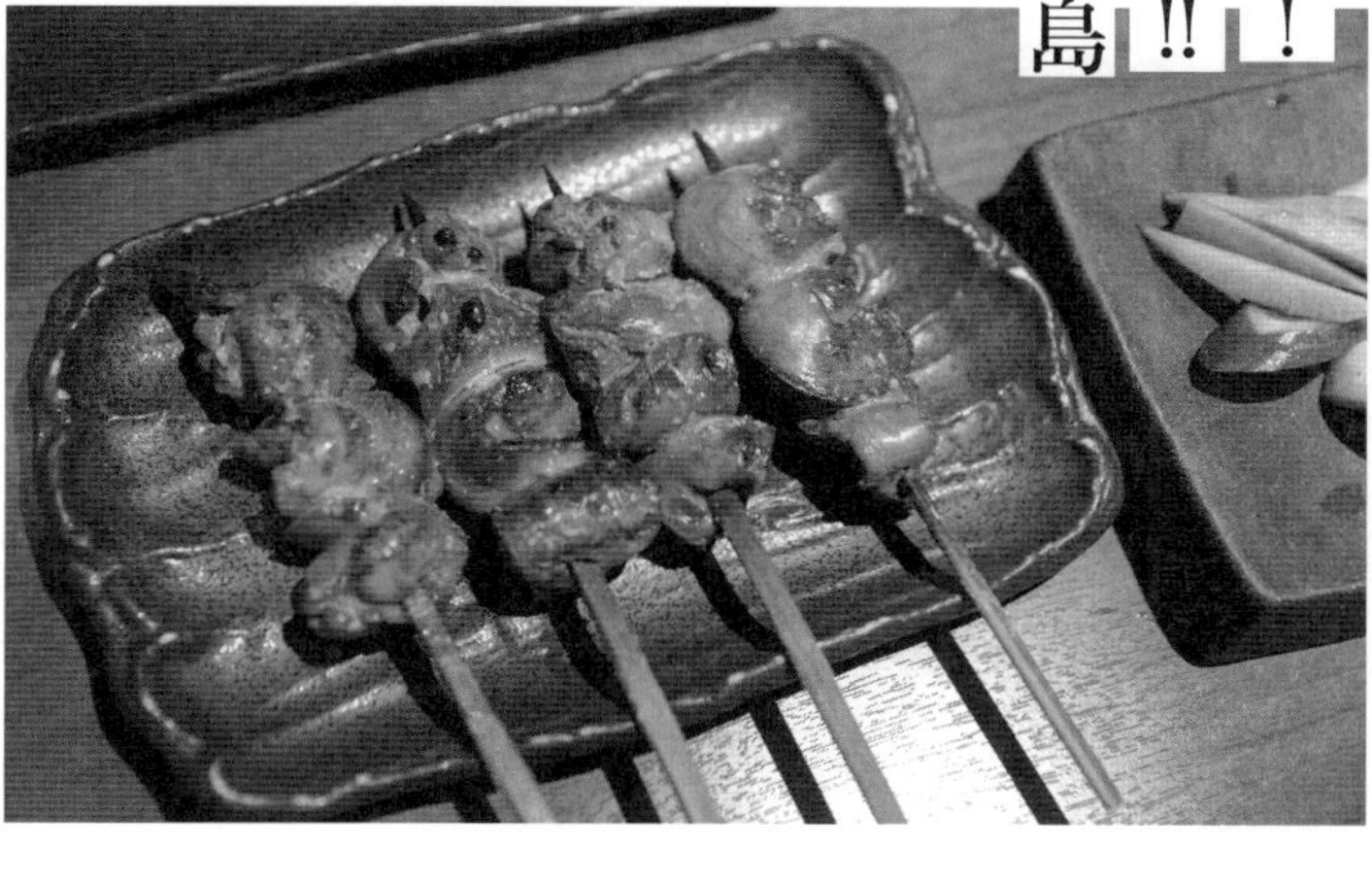

＼とにかく雰囲気があり。空気が違う！／

中野不動尊

830余年前に恵明道人が、
一匹のカモシカに導かれ、
山神のお告げによって
不動明王を祀り聖火を
灯したのが始まりと言われる
福島のパワースポット！

DATA

住福島県福島市飯坂町中野堰坂28営8:30〜17:00※10月中旬〜12月／8:30〜16:00休無休電024-542-2100

厄払いにご利益があることで知られる「中野不動尊」は、日本三不動のうちのひとつ。境内には不動滝や〝とげぬき地蔵（とげぬき＝人間の五欲、三毒、四苦、三障を取り除くことを言う）〟、こと清水や奥の院洞窟など見どころが満載。

いまから830余年前に恵明道人が、一匹のカモシカに導かれ、山神のお告げによって不動明王を祀り聖火を灯したのが始まりと言われ、諸堂には厄除、眠守、三ヶ月の三不動が祀られてるそうだ。

「やはり雰囲気がありましたね〜。空気が違うと言いますか。凛とした何かが張り詰めてた」

不動尊に欠かせないのが「不動滝」。実はここが中野不動尊の中で一番のパワースポットとなる！

「この下に立つと、さすがにビンビンきましたね。まー、「具体的に何が？」と聞かれるとわかんないんですが（笑）、きてる気はしました。都会でくっつけてきた汚いものが浄化されてたらいいんですけど」

近年注目を集めている観光スポットで、御朱印がもらえるところとしても知られている。

「すごくきれいだし、単純にインスタ映えします。場所柄きゃっきゃするのは何だと思いますが」

ここ中野不動尊は「六三除け」という祈祷法もあり、六三除けの祈祷の出来る寺として非常に有名なのだそう。近年は若者にも人気で、パワースポットとして有名。

なんだかビンビンきとる気がするぞ！

「不動の滝」の下で神妙な面持ちの竹山。「どうかこの本がたくさん売れますように…そういうことじゃないか（笑）」

＼ ここにあったはずの街並みを想像してみる ／

南相馬慰霊碑

2015年4月に建設された
「相馬市伝承鎮魂祈念館」
震災の犠牲者を追悼し、
遺族の心のよりどころとなり、
震災前の風景を後世に伝える
それが同館の大きな目的だ。

DATA

住 福島県相馬市原釜字大津270 営 9:00〜17:00 休 12月29日〜1月3日 電 0244-32-1366（伝承鎮魂祈念館）

2011年3月11日に起こった東日本大震災で甚大な被害を受けた福島県相馬市には、犠牲者を追悼した、たくさんの慰霊碑が建っている。

「震災がきて、津波がきたってことはまぎれもない事実なわけだし、本当に日本を揺るがすようなとんでもないことが起きたわけだから、東北に縁もゆかりもない人も、機会があれば一度手を合わせに来たらいいんじゃないかと思うんです」

２０１５年４月には、津波により被災した尾浜・原釜地区、磯部地区の震災前の風景を後世に伝えるべく、「相馬市伝承鎮魂祈念館」が完成。

「まさにいま立ってるこのあたりでかつて何十人、何百人という方々が津波にさらわれて亡くなったんだなと思いを馳せる。これは日本人としてね、必要なことなんじゃなかろうかと思います」

ここには、震災前の風景や地域の催しの写真の展示や震災当日の映像記録などが展示されている。

「いま見るときちんと整地されてますが、当時ここにあったはずの街並みを想像してみるのもいいかも知れない。無理しなくてもいいから、福島のどこか観光したついでにやってみてほしいです」

第6章

カンニング竹山と行く！

福島社会科見学 vol.2

原釜地区（笠岩公園）にオープンした「相馬市伝承鎮魂祈念館」。震災前の相馬市を知らない人々に、在りし日の相馬市の姿を伝えていく。

館内には被災で残された生々しい展示物が。ほんの一部を展示してあるだけだが、いまだ持ち主の不明な多数の写真たちがあった。

3月11日、また震災の日がやってきます

祈念館裏手の砂浜にて。「福島の海に来るたびにいろんなことを、自然と考えちゃいますね。だから来てほしいです、多くの人に」

\ 進化するのを見守っていきたい街 /

双葉町、大熊町

2011年3月11日に起こった
東日本大震災および
東京電力福島第一原発事故により
第一原発のある大熊町、双葉町は
「帰還困難区域」指定され、
町民の大半が避難を余儀なくされた

DATA

住 福島県双葉郡双葉町、双葉郡大熊町※福島県浜通り中部にある町

東京電力福島第一原発事故で全町避難が続く福島県大熊町が、放射線量が高い帰還困難区域をのぞく一部地域について、２０１９年４月までに避難指示の解除を目指す方向で検討に入ったことがわかった。解除されれば、第一原発が立地する大熊、双葉の両町では初めて住民帰還が可能になる。

「両町がここからどう変わっていくのかが楽しみですよね。双葉も大熊もいまから進化していく街だから。震災と原発の事故によってゼロどころかマイナスになった街がどんなふうに進化を遂げていくのか。これからもずっと見守っていきたいと思います」

対象地域は町西部の居住制限区域と避難指示解除準備区域で、町面積の４割ほど。しかし人口は、町民１万５４８人（２０１８年10月末時点）の４％に当たる３８３人…。まだまだ道のりは長い。

「だから何より、こんなふうになった街をいまこそ見に来た方がいいですよ。すでに海岸線とかきれいになってるし。現時点では何もできない街であるうちに見た方がいい。住宅は朽ち果てて、田んぼだったところに木が生い茂り林になってる。もう20年後くらい経ったら整地されて見れなくなっちゃうかも知れないよと。いまだよ、と言いたいですね」

街の至るところがバリケードで封鎖されている。「やはりこれ見るとおっかないですよね。日常にはない景色だから。ショックを受けます」

かつてはたくさんの人が住んでいた…

「かつて田んぼや畑だったところには草木が生い茂り、やがて林のようになってます」。写真は、浄化した汚染土を入れた袋の山。

「無理に、とはいいませんが、機会があれば自分の目で見てほしいですね。とりわけ国道6号線。現状がどうなってるのか確かめてほしいです」

浜通り
中通り
磐梯高原・猪苗代周辺
会津若松
福島
郡山・三春・白河
いわき・小名浜
太平洋
玉子湯
安達屋
春木屋
華の湯
中野不動尊
五色沼
伊達屋
東北自動車道
国見
阿武隈急行
えなみ
土竜
福島飯坂
福島
福島西
JRA福島競馬場
あねさの小法師
パイプのけむり
満腹
ゆーから
マリアージュ
UFOふれあい館
南相馬慰霊碑
相馬
南相馬
浪江
双葉町
大熊町
常磐富岡
JR常磐線
リカちゃんキャッスル
広野
太平洋健康センター
道の駅よつくら港
大川魚店
いわき四倉
磐越自動車道
いわき三和
いわき中央
いわきJCT
いわき
いわき湯本
塩屋埼灯台
美空ひばり 記念歌碑
いわき市石炭・化石館
いわき マリンタワー
小名浜
常磐自動車道
いわき勿来
さはこの湯
ゼリーのイエ
アクアマリンふくしま
小名浜ソープ街
吾妻山
磐梯高原
喜多方
安達太良山
磐梯山
猪苗代
会津若松
磐梯河東
猪苗代磐梯高原
磐梯熱海
猪苗代湖
大内宿
奥羽山脈
二本松
本宮
郡山
郡山JCT
郡山東
郡山南
船引三春
JR磐越東線
三春
阿武隈高地
小野
須賀川
東北新幹線
福島空港
矢吹
あぶくま高原道路
白河
JR水郡線

カンニング竹山が今回社会科見学に行った場所

4章と6章で竹山が社会科見学に行った場所を地図に。
最初はJR常磐線でいわきへ。周辺の観光をしたら相馬に。
次は新幹線で福島で降り、周辺を散策。
その次は郡山を拠点に会津方面に足を延ばすのがオススメのプラン。
「しかし、有名な観光地にはほとんど行ってないな（笑）」（竹山）

第7章

福島の人ってなんかいい！　あったかい！

＼みんな笑顔！　それがいいじゃない!!／

福島で出会った人々

福島の人ってなんかいい！ あったかい！

本書の取材で福島を訪れた期間で出会った
地元の人々との記念撮影フォトを一挙に！
お会いするみなさん、笑顔なのが印象的で、
ニコニコしながら散歩したり働いてたり、酒を飲んだり。
そうしたなかにも力強さのようなものも感じました。
掲載しきれなかった方も含めてありがとうございました。

❶もつ煮酒場 もくべぇにいた爽やかカップル❷パイプのけむりのほろ酔いグループ❸もつ煮酒場 もくべぇのやさしい店員さん❹情熱居酒屋 じゃじゃ馬の常連さんたち❺情熱居酒屋 じゃじゃ馬にいた人懐っこい若者❻元祖円盤餃子 満腹の明るい店員さんたち❼朝早くから伊達屋の順番待ちをしているキュートなお姉さん❽またもや登場、もつ煮のもくべぇさんの店員さんお二人❾パイプのけむりのカウンターでいいムードだったお二人❿イカしたUFOふれあい館に集った、同じ会社の仲の良い仲間たち（子連れ多し）⓫私竹山のツイッターをよくチェックしてくれている、UFOふれあい館の館員さんたち⓬UFOふれあい館を堪能して次に向かうところ、ニコニコしながら声をかけてきたお兄さんたち⓭笑顔が素敵な皆さん、中野不動尊にて

9

8

10

11

12

13

14
15
16
17
18
19
20
LET'S SING
I want to see you sing
REMY MARTIN
LET'S SIN

福島の人ってなんかいい！ あったかい！

⑭あねさの小法師でおしゃべりした外国人の方々⑮やきとり 土竜で大盛り上がりしていた某幼稚園保護者ソフトボール部のパパたち⑯ゼリーのイエの店前にて。ゼリーを買いに来ていた可愛いママと子ども⑰太平洋健康センター 蟹洗温泉での一コマ⑱いわき マリンタワーでぐいぐい寄ってきたお姉さま⑲パイプのけむりでチラチラとこちらの様子を伺っていたが、やがて打ち解けてきた好青年たち⑳「キレイに撮ってね」と写りを気にしていた、蟹洗温泉のおばさま㉑あねさの小法師の女将さん。あったかいおかあさんって感じ㉒ちょっと照れつつも話しかけてきた、蟹洗温泉のスタッフさんたち㉓いつもお世話になってます、大川魚店の店長さん㉔フランクなおじさまたちと蟹洗温泉のロビーで㉕あの海鮮丼でいつも大満足！ 道の駅よつくら港の若い店員さんたち㉖UFOふれあい館で、仲良く3人でピースしました

最初は辛気臭いと思ってた！
だけど打ち解ければ、
みんなめちゃくちゃ明るいぞ‼

福島を訪れるようになってからいろんな人と出会い、お世話になっていますが、みんないい人！　なおかつあったかいんですよね。最初はなんか暗いな、辛気臭いなというイメージがあって。実際に行ってみても、そんな感じで。

芸能人だから見られることには慣れてますけど、言っても東京は「いまはプライベートなのね」とほっといてくれますし。『探偵！ナイトスクープ』（朝日放送）のロケでよく行く大阪は「竹山さんや〜」って、土足でどかどかあがり込んで来る。いわゆるシュッとしてる東京。気さくな大阪。どっちも嫌いじゃないんですが、そのどちらとも違う。バレないように物陰からジッーとこちらをうかがってる感じ。遠くから目線を感じるものの、声をかけてくるわけでもないっていう（笑）。

こっちとしても最初は「どう接触すればいいんだろう?」と思いましたね。話を掘るのも難しかったです。最初はTBSラジオの仕事で行っていたこともあって震災のお話を聞きたいんですけど、なかなか上手く引き出せない。

でも、何度も通ううちに「打ち解けるとものすごく明るいぞ」って。よく笑うし、よくしゃべるし、人懐っこいし。関西人より騒がしいんじゃないかと(笑)。

例えば、ぼくが個人的に仲よくさせてもらってる、いわきの若い農家の青年とその仲間たち。「ファーム白石」の白石長利くんって福島を訪ねるようになって知り合った彼と、その同級生や後輩がいるんですが、まーやかましい。みんなヤンキーの兄ちゃんか格闘家なのかわかんなくらいイカつい見た目をしているんだけど(笑)、めちゃくちゃ陽気な楽しい連中で。これも福島の人の特徴だと思うんですが、一回信頼してくれると〝これでもか!〟ってくらい、よくしてくれるんです。

一方で、見た目とは裏腹にものすごく真面目! ほとんどが親から畑なりを受け継いで社長になった後継者なんですが、彼らと酒を飲んだときに「震災は起きなきゃよかったけど、起こったから人生を考え直した」「このままじゃいけない」って熱く故郷の未来を語っていて。もともと福島は東京に出荷する農産物の生産拠点みたいなもんだったから、親世代は黙っていてもお金が入ってきたんです。でも震災後は「自分らでなんかやんなきゃ」と。畜産と野菜農家が組んでインターネット販売を始めたり。地元の同級生がやっている料理屋で地産地消のメニューを出して評判を呼んだり。自分たちにできることを懸命に、でも楽しそうにやってる。

ぼくなんかは故郷を捨てた人間ですからね。田舎で何もないことはわかっているんだけど、それも受け入れてがんばってる人。震災が起こったのに、ここで暮らすんだって決めた人。意外とたくさんいたことが驚きでした。そういう人たちの話をもっと聞いてみたいと思ったことが、福島に通うようになった理由のひとつです。

この白石くんを紹介してくれたのが、NHK福島でディレクターをやってた山登宏史くん。震災から4〜5年目の3・11に仙台から生放送した特番で知り合って。放送のあとツイッターとか見てたらキャンプやったり福島の土湯温泉で「アラフドミュージックフェス」って音楽フェスを主催してたり。それで興味が湧いたんで会って話すと、本当に熱があって。彼は東京の人間で福島に転勤中に震災に遭ったのですが、復興とは何かとか、震災後における問題点とか、福島のことをすごく考えていて。ぼくより年下なんですけど、いろんなことを教えてくれて。この山登くんとの出会いがあって、より福島のことを好きになりましたね。

あと、福島の人で語らなきゃいけないのが元ラジオ福島の大和田新さん。山登くんと同じで、大和田さんももともと横浜から若いときに就職で福島に来た人だから、純粋に「福島の人」ではないんですが、常に福島のことを思っていて。震災時は自ら現場に足を運んで、地元の人たちに密着して。「東京がやんないから」って、正しい情報を発信し続けた人。中央のメディアに「東京電力福島第一原発」と、必ず「東京電力」を付けるよう進言したのも大和田さん。「東京電力であって〝東北電力〟じゃねえ」と。「あんた方が毎日使ってた電力を福島で作ってたんだ」って。

ほかにも相馬市の立谷秀清市長。こちらも通っているうちに知り合ったんですけど、まー何と言いますか、強面な自民党の親父で（笑）。のっけから「おいっ竹山！」みたいな。「なんなんだ、この人は？」というのが第一印象でした。

そして強引でワンマン。田中角栄の時代の議員のようなな。でも危機的状況のときは、よくも悪くもこういう人が必要なんだろうなと思いましたね。例えば震災直後も大切なのはコミュニティだと。相馬は人とのつながりを大事にする地域だからと、避難所や仮設住宅の見回りを当番制にしたり。「井戸端会議は昔から食堂か洗濯場でやるもんだ」って、いっしょに飯を食べさせたり、洗濯場を決めて。無理やりと言われても実行したことで、震災後のストレスによる孤独死や自殺がほとんどなかったそうです。

また、震災で亡くなった消防団の方が着ていた半纏を大事に飾っていたり。当時助けてくれた全国の市町村には恩があると、災害用のでっかい備蓄庫を作って、先の熊本の地震や広島の災害のときにはトラックを飛ばす、義理堅い人でもある。

政治的な思想とか抜きに、そういうところが人として信頼できるんですよ。いまは福島の親父だと勝手に思ってますし、訪れるたびに本当によくしてくれて。

ちなみに奥様は『ナイトスクープ』の大ファン。「お前は相馬の選挙権はないから賄賂じゃねえぞ」って帰りにお米を持たせようとしたり（丁重にお断りしましたよ！）。何だかんだ言いながら気にかけてくれるのは、そのせいかも？（笑）。

紹介しきれなかったけど、ラーメン屋さんのご主人からよく行く居酒屋のマスター、スナックのママ、お客さんたち。で、お姉ちゃんたち（笑）。

会津に中通り、浜通り。それぞれ気質はちょっと違いますが、みんな優しいです。ぼくが温泉に入り旨いラーメンを食べながら地元の人たちと知り合ったように、みなさんもふらっと福島に立ち寄って、いい出会いをしてください。

「草野畜産」の草野純一さん（右）。左はフランス料理店「Hagi」の萩春朋さん。

若い衆に囲まれてご機嫌の竹山。写真奥が「ファーム白石」の白石長利さん。

震災後に変わったのは異業種で集まるようになった事

竹山　白石（長利）くんはいわき市の農家の8代目で、（草野）純一くんも昔からの畜産農家。白石くんは無農薬・無化学肥料で野菜を作る自然農法をやりながら純一くんとコラボしたり。フランス料理店「Ｈａｇｉ」の萩（春朋）さんや、ここ中華料理店「華正楼」の吉野（康平）くんらと、福島県産の食材や料理を使って地元を盛り上げようとしてるけど、震災が起きて何が一番変わった？

白石　こうして異業種がいっしょになって、「なんかやろう」「福島の食材をアピールしよう」って感じになったことですかね。

草野　震災の前はこうして飲んでても同業者ばかりが集まって。宴会でも、同じよう話を何回も何回もして。年寄りの訓示を聞いて。

白石　なんの生産性もなかったもんな？

草野　腹を割ってはいなかったですね。

某高級焼肉店でこの肉食べたら…。逆に言えば福島の肉がいかに安くて旨いかがわかった。

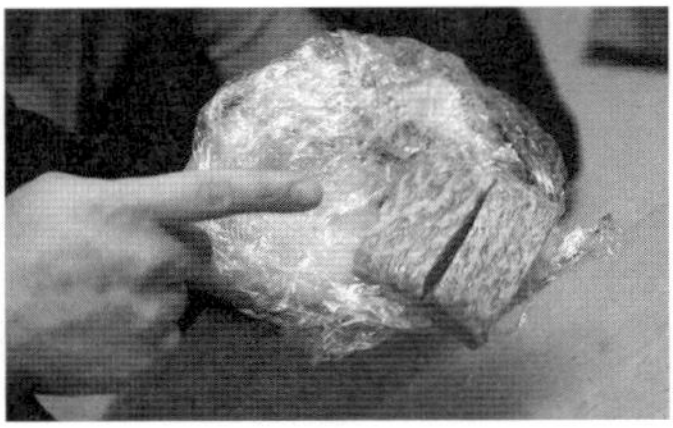

草野さんが育てた和牛をその場で萩さんが焼く。「旨い！ これヤバイだろ～」（竹山）。

竹山　そういうの見て、俺もおもしろいことやってんなーって興味が湧いてね。出会いからしておもしろかったもんな～、白石くんは。突然ふらっと芸能人の俺みたいなのが訪ねて来たときも、駅で「とりあえず乗って」って車に乗せられて。畑に連れてかれて。

白石　ＮＨＫ福島でディレクターをやってた山登宏史さんが竹山さんを紹介してくれて。

竹山　夜7時を過ぎてたから、ヤバイさらわれる！ 殺されると思ったよ（笑）。ほら、みんな風貌怖えから。そうしたら畑でネギ抜かされて、食ったらめちゃくちゃ旨くてさ。その夜ここに連れて来てくれて飲んで、いろんなことを教わったんだよね。

白石　俺らも芸能人だから、とかはなかったです。〝民報（福島民報）〟とか出てくれて、福島のことを考えてくれて。実際に足を運んでくれたから、じゃあ話せることは何でも話しますって感じで。

竹山　何より楽しそうにやってるのもいいと思ったんだよね。

最後は記念撮影。白石さん、草野さん、萩さんらの日々の活動はSNS等でチェックを！

前を向き新しい試みをはじめているいわきの若い生産者＆料理人の話をうれしそう聞く。

震災があったから吹っ切れただから変われたというのもある

草野 楽しいです。同じ業種だけで集まっても煮詰まって。

竹山 で、異業種でイベントやったり。コラボしたり。ネットで販売したり。このモデルケースは福島うんぬん限らず、ほかの地方で何かくすぶってる若い生産者のヒントになると思うな。

白石 でも、俺らからすると「震災があったから変われた」とも言えるんですよ。風評とかでものが売れなくなって。取引先にはてのひら返しをされて。「じゃあ、自分らでなんかやってやる」って。

草野 じゃなきゃ親の跡継いで、ぬるま湯で終わってただろうな。

白石 いろんなことが吹っ切れたというのはありますよね。

竹山 なるほど。そういう考え方もあるか。そういうプラスに転化した人はまだまだいると思うから、俺ももうちょっと福島を旅しながらいろんな職業、立場の人と話をしていきたいね。

第8章

報道にキレる！ 風評被害に怒り！！ 竹山がメディアに言いたいコト！！

PROBLEM

No.1

福島のことを、いまも「フクシマ」と言う人がいる！

これが一番嫌なんですよ！ カタカナで「フクシマ」っていうのが一番イヤですね。原発事故メインの“フクシマ”じゃないですか？ 同じ震災に遭った神戸を「コウベ」とは言ってなかったし。原発うんぬん言っても福島の90%以上の地域はそうじゃないんだから。ちゃんと漢字があるんだから使えよって！ ヒロシマしかりナガサキしかり。なーんか、日本とは別な関係ないものとしてそこに封じ込めようとしてる気がするんだよな。

PROBLEM

No.2

なんの根拠もない説をさもありそうな顔で大真面目に語る連中！

原発事故から
何年経っても
「もう日本には住めない」なんて言ってるボンクラな学者とかいるじゃないですか？ でも「住めなくなる。」じゃなく「じゃあ、どうすればいいのか」を考えろと。煽るわりに「危ない。」「ヤバイ。」しか結論を言わない。原発事故＝原発の是非にすり替えようとするヤツも多いですよね。だから原発はダメだって。ダメなのはみんな知ってるよ！ でもそうなっちゃったんだから先のことを考えようぜって！

PROBLEM

No.3

福島の子どもや、東電の社員の子どもがいじめられている！

人間だからある程度の感情論になるのは仕方がないんでしょうけど、そこに住んでただけ、働いてただけで人をいじめるヤツがいたのなら、その人間性を疑いますね。ただ、時間が経つにつれて収まってるじゃないですか？ 差別が。ということは、そうやって感情論で動かないようにもできるわけで。だからそうならないためにも話し合いを重ねて、知識を得ながら、冷静になって物事を進めてかなきゃいけないんじゃないかな。

PROBLEM

No.4

デマを鵜呑みにする自分勝手なヤツらに本音を言いますと…

「実は動物が奇形になっているんだ」「マスコミはそれを隠してるんだ！」。そんな言う言わないの話じゃねえよと。お前ちょっとこっちに来いと。実際に現状を見てから言えと。「逃げるからいい」って、じゃあどこ行くんだ？ その前に考えろ！「何で勝手に事故されて私たちが考えなきゃいけないの！」…って、お前は税金払ってここに住んでる日本人だろ。どうにかするように力を注げ！ というのがぼくの考えですね、本音は。

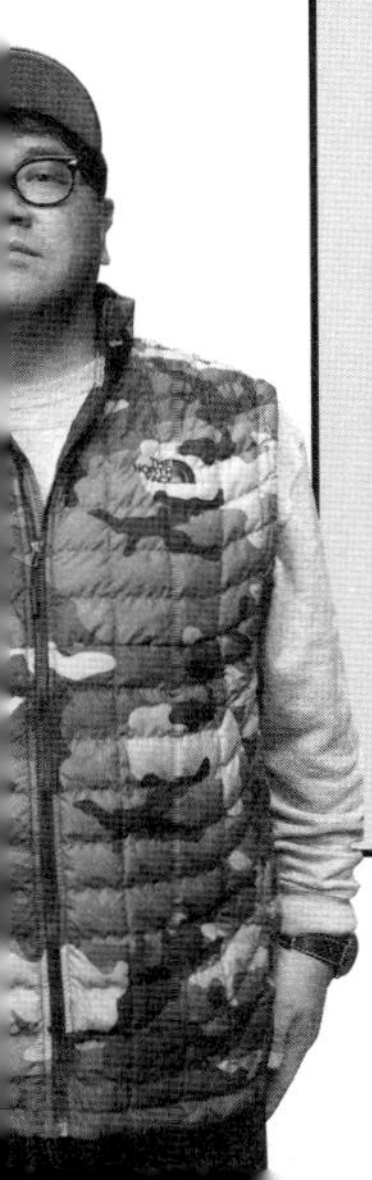

PROBLEM

No.5

福島ナンバーの車が都内でガソリンを売ってもらえない!?

原発事故の直後はこういうことが多々あったと思うんですが、正確な情報と知識が足りなかっただけだと思うんです。ぼくも福島の野菜を買って叩かれた。でも、いま野菜買って文句言うヤツ誰もいねえよって！ あのとき叩いたヤツらはいま何を思ってんのかな？ 少しは知識を得たから何も言わなくなったのか…だったらいいけど、もう全部忘れちゃって、何も思ってないんだとすれば、そっちの方が大きな問題だよなあ。

PROBLEM

No.6

他人ごとのように無視を決め込んでる人たちに腹が立つ

原発事故のあと、腹立たしさを覚えたんですよ。福島で作ってた電気は東京の人が使ってたくせに知らん顔はねえだろって。原発に対する意見はさまざまでしょうが、そこには純粋な使命感だけで必死に作業してる人たちがいる。そのことに対しても知らん顔はできないだろうと。でも、2018年度に起こった各地の災害も首都圏では報道特番がなかったりとか。なーんかおかしい。知りたいのに知ることができないなんて変だ。

PROBLEM

No.7

福島で何かやるたびにヒステリックに嚙みついてくるな！

ゴミ拾いをしてる子どもたちを「殺すのか？」って投書が来てましたよね。そういう人がまだまだいるということは、もうちょっと事実を伝えてかなきゃいけないと思うんですよね、メディアなりが。ぼくがこうやって福島に行ったりして「安全ですよ」と言っても必ずいますから、病気でもすれば「ほら原発に行ったからだ」って言う人が。死んだらもっと言われるハズ！ だから「知らない人」にちゃんと伝える努力をしなければ。

PROBLEM

No.8

悲劇ばかり煽り立てるメディアの姿勢に憤りを感じる！

北海道の地震のときもそうでしたが、テレビも新聞も雑誌も"強い画"がほしいから、そこを出しちゃうんでしょうけど、いくら「もうやめようぜ」って各社が示し合わせたところでなくならないと思うんですよね。だから受け取る側がどれだけ冷静に判断できるか。そんなメディアばかりじゃないと思うんで、そこがどう真実を伝えていけるのか…。だからこそ「疑ってる」人は、特に自分の目で見て、福島を歩いてみてほしいなと、切に願ってますけど。

PROBLEM

No.9

福島県産の野菜も米もいまでもちゃんと放射線を検査している！

これもね、しつこく言ってますが、福島産の野菜も米もひとパックごとに検査してますからね。そんなのやってる地域って福島だけですよ。数値的にもＯＫ。でも「福島」と書いてあるだけで問題視する人たちがいる。冷静になって考えてみてくださいと。自分が住んでる県の農協はやってないですよって。実はより安全で＝いま一番安全なのは福島産だ——となるんですけど、伝わらない人には伝わらないのかなあ…やっぱり。

PROBLEM

No.10

すぐに俺のことを殺そうとする人たちにもの申したい！

いくら野菜を買って叩かれなくなったとはいえ、たくさんいるでしょうね、伝わってない人が。でも、そういう人が言ってた危ない理論で言えば、当時原発の周りで働いてた人とかとうに死んでなきゃいけない時期なんですが。もしくはいろんな病気が発症してたり。かく言うぼくもそうなんだけど、そもそも本当に危なきゃ「こんな本出さねえよ！」って言いたい。なんでわざわざ死にに行かなきゃいけねえんだって！

結局こういうコトなんじゃねえか？

　本書でも書きましたが、福島で野菜を買っただけなのにツイッターで叩かれたときは、めちゃくちゃ頭にきました。「知識もないのにデマを吹かないで」とか「沖縄に避難してます。ちょっと福島に行ったくらいで発言しないで」とか。ほかにも誹謗中傷から単なる悪口まで散々言われた。

　彼ら彼女らはなぜいま、俺に何も言ってこないのか。前よりも福島に通って、野菜なりをばくばく食べてる姿を見てどう思ってるんだろうかって。

　当時その人たちが思ってたとおりになってないからだと思うんですね。ニッポンはすでにどうにかなってたハズだから。それなのにラグビーのW杯はある。東京五輪もある。すみませんねって。

　福島の子どもたちは野っぱらを走り回ってるし若者はナンパもしてる。あなたの街と同じことをやってます。機会があればぜひ見に来てくださいと言いたいですね。

第9章『探偵ナイトスクープ』のご縁で実現

対談 西田敏行

また福島に
行って来ました!

局長&探偵が語る
〝故郷〟福島への思い

ご存じ『探偵！ナイトスクープ』（朝日放送）の「局長」こと
西田敏行さんは、福島県郡山市の出身。
東日本大震災直後から各方面で復興に尽力し、
震災や東京電力福島第一原発事故から復興した福島県の
未来を描いた県制作のPR動画にも出演、県民を励ましてきた。
そんな西田さんと〝竹山探偵〟の対談がここに実現。
福島の魅力、そして現状と問題点、未来を語る！

西田　復興がどうのと大仰に構えた感じじゃなく、ふらっと現れて、フラットな形で福島の現状を伝えてくれてるなと感心しながらツイッターなりを見ていたんですけど、『探偵！ナイトスクープ』の収録で会うたびに「また行って来ます」と言うんで、「福島出身の俺より行ってるんじゃないよ！」って（笑）。それは冗談として、いろんな意味で福島の人たちを勇気づけていただいていることに、本当に感謝しています。県民を代表してありがとう！

竹山　いえいえいえ（恐縮！）

西田　でも竹山さんは、福岡のご出身じゃない？　なんでまた縁もゆかりもない

一人でも二人でも
福島に興味を持って
遊びに来てくれたら

福島に興味を持たれたんです？

竹山　最初はTBSのラジオ番組で現地に入りまして。そこからですね。

西田　ラジオ福島とジョイントしてた番組だ。よく聞かせてもらいました。

竹山　『ニュース探究ラジオ Dig』という、生放送の。その番組の取材で震災から1～2ヶ月後の現状を目の当たりにして、変な正義感が沸いたと言いますか。原発に関しても我々東京で暮らす人間が使ってたのに…と思うとなんか解せないものがあったんですよ。

西田　東京電力だからね。〝東北電力〟じゃなく。それなのに無関心な東京の人たちに、私もいら立ちを覚えました。

竹山　でも何やっていいかわかんなかったので、ああいう形になって。

西田　あちこち観光しながら福島の魅力を紹介をする。これはなぜ？

竹山　そこに『ナイトスクープ』がつながるんです。〝そうかロケやればいいんだ！〟って。それでツイッターを見た人が一人でも二人でも興味を持って福島に遊びに来てくれたらいいなと。

西田　県民からすると一番辛かったのが風評。魚も野菜も米もあんなに美味しいのに…って。不買運動も悔しくて。いわれのない差別も。東京で一人飲んでたら隣の親父グループが「福島の女は嫁にもらえない」とか大声で話してるんで、激怒したことがありましたよ。

竹山　えーっ、温厚な局長（ナイトスクープでの肩書）が、ですか？

西田　だから竹山さんが福島でもりもり食べて、楽しんでる様子がうれしくて。こういうやり方があったのかって。

竹山　僕も差別とか許せないたちなんで憤慨はしたんですが…実際行ってみると、まず飯が旨いんですよ。だから怒りではなく、ああいう旅の形に。

西田　人はどうですか、福島は？

竹山　最初こそ壁を感じますが、一歩懐に入るとうるさいくらいに明るい(笑)。

西田　福島は会津と中通り、浜通りにわかれていて。浜の人はオープン。中通りの人は初めのうち様子を見る。会津ってのはちょっと意固地なところがあるんですけど、みんな概ね明るいんですよ。

竹山　まま、それは局長を見れば（笑）。

西田　私は郡山。中通りの出身ですね。

竹山　その話で言えば、思った以上に面積が広いことにもびっくりしました。

西田　北海道、岩手に次いで3番目。福島に興味のある方は、会津、中通り、浜通りにわけて、都合3回来ていただいたらうれしく思います（笑）。

竹山　あとは自然も素晴らしい！

西田　そう。私もね、役者としての情操を育んでくれたのは福島の自然だし、人だし。非常に恩義を感じてるんです。こ

福島の自然と人が私の役者としての情操を育んでくれた

んなに立派な役者にしてくれて（笑）。

竹山　（笑）、納得です！

西田　（笑）、ですから震災の後、より一層郷土愛が深まりましたし。そういう意味では私も福島の人たちをどう元気づけていくのか…役者としてできることを日々考えているんだけど、竹山さんの在り方は本当にいいと思った。

竹山　食べて、飲んで。地元の人としゃべってるだけですけどね（笑）。

西田　私も一応、表現の世界に生きてるからそうしたスタンスの映画なり舞台なりを作れないかなと思ったりして。

竹山　でも局長は、ずいぶん早い段階からいろんな活動をされてますよね？

西田　福島のお米食べましょうとか野菜食べましょうとか。でも県外の人からすると不安があるようで…なんとなく〝引いてる〟感じはありましたね。歯がゆさ、無力感を感じました。

竹山　正確な情報が出回ってないから、僕もそこをどうにかしたいというか。

西田　放射線を計る機械も福島はそこかしこにあるんだけど、１ｍ県境を越えるとないんだよね。「原発の問題は福島県内で解決しましょう」という意識がお偉方にあるような気がするな。

竹山　人が決めた境界線ですからね。

西田　福島だけに封じ込めて、あとは時間が解決するくらいに思ってるように感

個人的見解ですが東北のラーメンが一番旨いと思います！

じて。福島だけじゃない、日本の問題だってことを広く世間に知ってもらいたいなというのが私の希望ですね。

竹山 遊びに来る人も福島の食材を食べる人もたいぶ増えたみたいで。あとは外国人へのアピールが大事でしょうね。

西田 福島の封鎖した地域にしても、そこに暮らしがあったことがわかるじゃない？ 行くと凍るような寂しさを感じる。あれもどうにかしてもらいたいな。

竹山 原発に対するトークも、もっとオープンにできればいいんですけどね。

西田 竹山さんみたいに福島でラーメンを食べたついでに語れるような空気があればなと。重たい問題なんだけど、もっと普段着で議論できたらいいよね。

竹山 原発の周りも、もっと観光地化できたらいいのになって思います。

西田 さっきは「どうにかして欲しい」って言ったけど、帰還困難区域もね、逆にああいう廃墟のような状況が残っているうちに見てもらいたい。

竹山 津波でやられたところはすでに高台になって整備されてますから。逆の発想で保存するのもありなんじゃないかと。

西田 津波の激しさもどうにか伝えて欲しいですよね。福島は地震、津波、原発の三重苦を背負っちゃったから、それをちゃんと後世に伝える。動画とかじゃわかりませんからね。

竹山　特に関東の人。新幹線で行けば2時間だし、高速でも3時間だし。日帰りでも行けるし。温泉にでも入ったついででいいから見てほしいですよ。

西田　竹山さんは僕なんかよりあちこち行かれてるけど、「よかったな」って温泉とかお店ってある？　私もこんど行ってみたいなと思ってて。

竹山　この本でもいくつか紹介するんであとで読んでいただきたいですけど(笑)、一つ挙げるなら福島市のラーメン屋さんで「伊達屋」さんですね。ここは、僕がそのためだけに福島に行ってもいいと思ってる店で。

西田　ほー、楽しみだな。福島のラーメンってどう？　豚骨の人として。

竹山　あくまで個人的見解ですが、僕は東北のラーメンが一番旨いと思います。2018年度の消費量1位が山形県でしたっけ？　で、3位だか4位に秋田、福島が続いて。そういう土地柄だけあって競争が激しいし、実際にどの店も切磋琢磨してるんですよね。

西田　確かに。私の生まれた郡山の小原田という小さな地区に「春こま食堂」という中華食堂があるんだけど、ここのしょう油ラーメンが絶品なんだ。昔ながらの飾り気のないやつ。

竹山　基本的には豚骨が好きですけど、東北のラーメンって味がガッツリしてる

福島だけじゃない日本の問題ということを広く知ってもらいたい

というか。クセになるんですよね。

西田 なんかわかるなー、それ。

竹山 あとラーメン以外でも〝これ〟って名物はあんまないんですけど（笑）、何食っても旨い。それがすごいです。

西田 ありますよ。会津の郷土料理で「わっぱめし」とか「ねぎそば」とか。

竹山 あー、お箸がねぎの！

西田 薬味がないから箸をかじりながら食べる。凝った料理はないんだけど、素朴な食べ物がいっぱいありますから、ぜひ食べてみてください。お酒もね、震災で大変なところもあったなか、小さな酒蔵さんががんばってますし。

竹山 いやー、ぜひぜひ。この間、この本の取材で行ったばっかなのに、また行きたくなってきました（笑）。

西田 温泉宿の料理もね、素朴なんだけど、どこも本当に美味しいんですよ。

竹山 局長と話していると、僕も福島出身なんじゃないかって勘違いしますね。この旅を始めてから、郷土愛に近いものを福島に感じ始めてるんで。

西田 私もね、昔は福島の訛りがイヤでイヤで。それで役者になるには直さなきゃいけないと思って高校から上京したんだけど、いまでは誇りに思いますよね。バイリンガルですし（笑）。

竹山 僕も人生の折り返しを過ぎるころから、そういう気持ちが芽生えてきました。東京は大好きですけど、ふと故郷のことを想うと言いますか。

西田 私の田舎なんかもなーんか暗いしね。思春期には「夢も希望もねえんじゃないかこの町には」って思ってて。でも、この歳になるとやっぱり故郷が最高の場所なんだって思いますね。

竹山 結局のところ生まれ育った場所があるから、いまの自分があるわけで。

西田 不思議なもんで、役にアプローチするときも福島県人の思考で考えてるんだよね、自然と。これね、わりと最近気づいたことなんだけれど。

竹山 へ〜。それはすごい。

西田 ですからね、この本を読んでるみなさんも、もし自分の故郷が地震や津波に遭って、原発であんなことになったら…と、少しでもいいからね、考えてくれたら、と思うんですよ。
竹山 そうですよね。ちょっとでいいから置き換えて考えてくれたら。
西田 かと言ってね、変に仰々しく考えず。竹山さんのように、まずは気軽にいらっしゃってください。
竹山 そうですね。食べて、飲んで、温泉に入って。遊んだついでに少しだけ難しいことも考えてみる(笑)。
西田 この本を手に取ってくださったみなさんは必ず来られると思いますから(笑)。福島でお待ちしております。

にしだ・としゆき　1947年生まれ。福島県郡山市出身。映画『釣りバカ日誌』シリーズなど代表作は多数。近年は『ドクターX～外科医・大門未知子～』が好評。2018年、福島県民栄誉賞受賞。

あとがき

福島県に遊びに行くようになり約7年ほど経ちました。遊びに行くようになって思う事は、やっぱり田舎だなぁ～と言うことです。東京や大阪、私の故郷、九州の福岡に比べても福島県はとんでもなく田舎の県です。小学生の頃に福岡で育っていた私はこんな田舎は早く出たい、そしていち早く東京に行きたいと言う思いが生まれていました。18歳で実際に上京するまで、ずっとずっとその思いを誰にも言わず背負ったまま思春期を福岡で過ごしていました。そして私は福岡を捨てました。

そんな考えの私からすると、福岡よりももっと田舎の福島県という地を好きになるわけもなく正直興味もない街でした。しかし私は福島県に惚れました。何度も遊びに行くうちに、いつの間にか大好きな場所になっていたのです。福島が私自身の考え方も人生観も良い方向に変えてくれたと思っています。それは多くの人々と出会う中で私を成長させてくれました。

震災から間もない頃、南相馬から自主避難をしたトラックドライバー、避難先で考えに考えた挙句に死ぬ覚悟で故郷の為にトラックを転がそうと帰ってきました。その兄ちゃんは福島の為に俺に出来ることをしに帰ってきたんだ！　とラジオの電話口で言い放ちました。アクアマリンふくしまの前で出会った平日に学校をサボって遊んでいた17歳のヤンキーのカップルは、高校終わったら東京でも行くのか？　と言う私の質問に福島の為にここでずっと生きていく、ここで生まれた俺たちがこの街を復興させなくてどうするよ、竹山さん！　と言い放ちました。

私はなぜか涙が溢れました。いつものようにパンの匂いをさせれば、避難先から皆が街に戻ってくると街に戻ってきてパンを焼きだしたパン屋さん、地元の正しい情報を取材し続けて福島に寄り添い発信し続けた大和田アナウンサー、もう誰も死なせては行けない！　と抜群のリーダーシップを出し続けた立谷相馬市長とその秘書三瓶さん、福島の今を正しく伝え続けたＮＨＫの山登ディレクター、福島の農産物を農家や飲食店の仲間と力を合わせ発信し出した、いわきの白石くんや草野くんなどの多くの農家や畜産家や飲食店の仲間達、まだまだ沢山の人達と出会い私は成長してきました。そして福島が好きになると同時に私はこの8年間で故郷福岡の事も愛せるようになりました。生まれ故郷とは何か？　と言う事も福島の皆さんが教えてくれたのです。

私は宣言します。関東芸人カンニング竹山の故郷は福岡と福島です。あとカンニングのホーム中野と15年育ててくれている大阪も（笑）。とにかく田舎な福島県が仲間がいる福島が、ここが私のアナザースカイ！と言う事なのです。読者の皆さん、とにかくこの本を読み興味が沸いたら福島県に遊びに来てください、難しいことなんか考えなくていいんです！福島に来て楽しんで下さい、皆んなが笑顔で幸せに暮らしています！行くのは無理な方は近所のスーパーで福島の物を買って食べて飲んでみてください、それは福島の皆が願いを込めて作った最高のものですから。1人でもこの本を読んで福島県に足を運んでくだされる方がいれば、出版した意味があると思っております。御拝読ありがとうございました。

この本を出版するにあたり色々と私のわがままを聞いてくださいました、編集者の古川良一さん、ライター橋本達典さん、カメラマン河田浩明さん、カンニング竹山チーフマネージャー・カネマキ、新人マネージャー・スージー、の皆様には大変お世話になりました。この場を借りて心から御礼を申し上げます。

２０１９年2月12日

カンニング竹山

STAFF

本文・カバーデザイン
森田　直 (FROG KING STUDIO)
積田野麦 (FROG KING STUDIO)

イラスト
箭内祥子 (アート工房)

撮影
河田浩明

構成
橋本達典

協力
南越谷法律事務所

福島《ふくしま》のことなんて、
誰《だれ》もしらねぇじゃねえかよ！

2019年3月25日　初版第一刷発行

著者　カンニング竹山《たけやま》
発行者　塚原浩和
発行所　KK ベストセラーズ
〒171-0021 東京都豊島区西池袋
5丁目26番19号 陸王西池袋ビル4階
電話03-5926-5322（営業）
03-5926-6262（編集）
http://www.kk-bestsellers.com/
印刷所　錦明印刷
製本所　積信堂
DTP　三協美術

ISBN 987-4-584-13894-6 C0036